GESTIÓN LABORAL PARA PYMES Y AUTÓNOMOS

GUÍA PARA UNA GESTIÓN LABORAL EFICIENTE

PATRICIA MÉNDEZ
BORJA PASCUAL

www.gestion-laboral-pymes-autonomos.guiaburros.es

EDITATUM

Diseño de cubierta: © Marta Villarín (EDITATUM)
Maquetación de interior: © EDITATUM

Primera edición: enero de 2025

ISBN: 979-13-87539-06-1
Depósito Legal: M-26495-2024

IMPRESO EN ESPAÑA/ PRINTED IN SPAIN

Te invitamos a registrar la compra de tu libro o *e-book* dándote de alta en el **Club GuíaBurros,** obtendrás directamente un cupón de **2 € de descuento** para tu próxima compra.

Además, si después de leer este libro lo has considerado útil e interesante, te agradeceríamos que hicieras sobre él una **reseña honesta en cualquier plataforma de opinión** y nos enviaras un *e-mail* a **opiniones@guiaburros.es** para poder, desde la editorial, enviarte **como regalo otro libro de nuestra colección.**

Sobre los autores

 **Patricia Méndez** nació en Santa Cruz de Tenerife, es Diplomada en Relaciones Laborales por la Universidad de La Laguna, con formación en Recursos Humanos y Gestión de Nóminas y Seguros Sociales. Con más de 18 años de experiencia profesional en Asesoría Laboral para pymes.

Actualmente vive en Madrid y es Responsable del Departamento Técnico Laboral de Emplealia donde también imparte formación en asesoría laboral y gestión de pymes.

 Borja Pascual es presidente de la Asociación Nacional de Nuevas Empresas, Roamers, Emprendedores y Autónomos, aNerea. Es fundador y CEO de Gruporum, grupo de empresas dedicadas a ofrecer servicios profesionales.

Informático de profesión, pero siempre más interesado en la gestión de proyectos, en la comunicación y el *marketing*, en el desarrollo de nuevos canales, en la gestión de objetivos y en el desarrollo de nuevas ideas y modelos de negocio.

Es autor de *Ahorra o nunca, cómo ahorrar y sacar el máximo partido a tus ahorros; Empresario o Emperdedor; 10 Errores que nunca debe cometer en su negocio; GuíaBurros: Emprendimiento* de Guerrilla; *GuíaBurros: Autónomos; GuíaBurros: El Arte de la Prudencia; GuíaBurros: Las ocho disciplinas del Dragón; GuíaBurros: Sociedades limitadas; GuíaBurros: Diccionario de Marketing; GuíaBurros: Modelos de negocio; GuíaBurros: Ventas Online; GuíaBurros: Píldoras para el emprendimiento I; GuíaBurros: Neuromarketing de guerrilla; GuíaBurros: Píldoras para el emprendimiento II; GuíaBurros: Cómo aprender a gestionar bien el tiempo; GuíaBurros: Diccionario Declaración de la Renta; GuíaBurros: Píldoras para el emprendimiento III, GuíaBurros: Aprende a ser un líder; GuíaBurros: Financiación "de guerrilla" y GuíaBurros: Arsenal digital para el emprendedor de guerrilla I y II*, todos de la editorial Editatum, y de *Cómo montar un negocio online* de la editorial Almuzara.

Agradecimientos

A Amparo Ramos y Clara del Hoyo, dos grandes profesionales de Afincalitas, por su ayuda y apoyo en este libro.

Borja Pascual

A Borja Pascual y Ricardo Rodríguez por la oportunidad profesional y el aprendizaje.

Y especialmente a mi marido y mis hijos por la paciencia y comprensión cuando mamá tiene que trabajar.

Patricia Méndez

Índice

Introducción

La importancia de la gestión laboral para pymes y autónomos

La gestión laboral es uno de los pilares fundamentales para el éxito y sostenibilidad de cualquier empresa, independientemente de su tamaño. Sin embargo, en el caso de las pequeñas y medianas empresas (pymes) y de los autónomos, su relevancia se vuelve aún más crítica.

La correcta administración de las relaciones laborales no solo garantiza el cumplimiento de la legislación vigente, sino que también promueve un entorno de trabajo saludable, mejora la productividad y reduce los riesgos asociados a posibles sanciones o litigios.

La gestión laboral abarca un conjunto de procedimientos y responsabilidades que incluyen la contratación, la formación, la retribución, la prevención de riesgos, el control de la jornada laboral o las bajas y despidos, entre otros aspectos.

Para las pymes y los autónomos, que cuentan con recursos humanos y financieros más limitados que las grandes corporaciones, una gestión laboral ineficaz puede tener consecuencias devastadoras.

Un error en la contratación, en la liquidación de salarios o en la tramitación de una baja laboral puede desembocar en sanciones económicas y en problemas legales.

Asimismo, un clima laboral deteriorado, generado por incumplimientos en los derechos de los trabajadores o por la falta de claridad en los procedimientos internos, puede afectar gravemente la retención del talento y la motivación de los empleados. En este contexto, las pymes y los autónomos deben desarrollar una serie de habilidades y estrategias que les permitan manejar con eficacia su relación con los empleados.

Aunque en muchos casos los recursos dedicados a la gestión laboral son mínimos y el personal administrativo es limitado, existen herramientas y procedimientos que pueden ser implementados para facilitar este proceso, para asegurar tanto el cumplimiento de la ley como la satisfacción de los trabajadores.

La importancia de la gestión laboral no se limita únicamente a evitar problemas legales. Un correcto enfoque en este ámbito tiene implicaciones directas en la productividad y el crecimiento de la empresa.

Cuando los empleados tienen claridad en sus derechos, deberes y las condiciones de trabajo, se reduce la rotación de personal, se aumenta la eficiencia en el desempeño de sus tareas y se fomenta un ambiente de trabajo positivo, lo que en última instancia impacta favorablemente en la productividad.

Por otra parte, la flexibilidad y la capacidad de adaptación son esenciales en el ámbito laboral actual, donde las reformas legislativas y los cambios en las condiciones del mercado son constantes. Mantenerse al día con las actualizaciones normativas y ajustar las políticas internas según sea necesario es fundamental para asegurar la sostenibilidad de la empresa. Las pymes y los autónomos, al no disponer generalmente de departamentos de recursos humanos especializados, deben estar especialmente atentos a las novedades legislativas y a las mejores prácticas en gestión laboral.

Legislación laboral básica en España

La legislación laboral en España es extensa y abarca múltiples aspectos de la relación entre empleadores y empleados. Su objetivo es proteger los derechos de los trabajadores, promover la estabilidad en el empleo y garantizar un entorno de trabajo seguro y equitativo. Para las pymes y los autónomos es fundamental entender las principales leyes y normativas que regulan el ámbito laboral, ya que el incumplimiento de estas puede acarrear sanciones significativas.

El Estatuto de los Trabajadores

La normativa central que regula el ámbito laboral en España es el Estatuto de los Trabajadores. Este documento establece los derechos y deberes tanto de los empleados como de los empleadores, y es de cumplimiento obligatorio para todas las empresas, independientemente de su tamaño. Entre los aspectos más relevantes del Estatuto se incluyen las condiciones mínimas de trabajo, los tipos de contratos laborales permitidos, la duración de la jornada laboral, los derechos a la formación y promoción interna, el salario mínimo interprofesional, y las normas sobre despidos y bajas laborales.

Uno de los puntos clave del Estatuto de los Trabajadores es la definición de los diferentes tipos de contratos laborales. Tras las últimas reformas laborales, los contratos se han simplificado, quedando básicamente en dos grandes categorías: contratos indefinidos y contratos temporales. Las pymes y los autónomos deben asegurarse de utilizar el tipo de contrato adecuado para cada situación, pues la contratación incorrecta puede derivar en sanciones.

Convenios colectivos

Además del Estatuto de los Trabajadores, los convenios colectivos son otra fuente de normativa laboral fundamental en España. Estos acuerdos, negociados entre sindicatos y organizaciones empresariales, establecen las condiciones específicas de trabajo y salario dentro de determinados sectores o empresas.

Para las pymes y los autónomos, es esencial identificar qué convenio colectivo se aplica a su sector o actividad, ya que sus disposiciones son de obligado cumplimiento. El convenio colectivo puede estipular aspectos como el salario base, las jornadas laborales, los descansos y las vacaciones, así como las medidas de seguridad y salud laboral. No cumplir con lo estipulado en el convenio aplicable puede llevar a sanciones económicas o problemas legales.

Seguridad Social y prevención de riesgos laborales

Otro aspecto fundamental de la legislación laboral española es la Seguridad Social. Las pymes y los autónomos que contratan empleados están obligados a dar de alta a sus trabajadores en el sistema de Seguridad Social, lo que garantiza derechos como la asistencia sanitaria, las prestaciones por desempleo, la incapacidad temporal o permanente y las pensiones. Además, deben realizar las correspondientes cotizaciones mensuales, las cuales varían según el tipo de contrato y el salario del empleado.

Por último, la prevención de riesgos laborales es un área en la que las empresas, sin importar su tamaño, deben cumplir estrictamente con la normativa.

La Ley de Prevención de Riesgos Laborales obliga a los empleadores a velar por la seguridad y salud de sus empleados, implementando medidas preventivas, evaluaciones de riesgos y formación adecuada.

En resumen, la gestión laboral para pymes y autónomos en España requiere un conocimiento sólido de la legislación vigente y la implementación de prácticas adecuadas que garanticen tanto el cumplimiento normativo como un ambiente de trabajo eficiente y seguro.

Requisitos iniciales para contratar empleados

Contratar empleados es un paso fundamental para cualquier autónomo o pyme que desee expandir su negocio y asumir mayores responsabilidades. Sin embargo, este proceso conlleva una serie de obligaciones legales que deben cumplirse para evitar sanciones y asegurar el buen funcionamiento de la relación laboral.

En España, el proceso de contratación implica cumplir con varios trámites administrativos que aseguren que tanto la empresa como el trabajador estén correctamente registrados en el sistema y protegidos legalmente.

A continuación, se describen los requisitos iniciales para contratar empleados en España.

Alta como empresario en la Seguridad Social

Uno de los primeros pasos que debe realizar una pyme o un autónomo antes de contratar empleados es darse de alta como empresario en la Seguridad Social. Esto implica registrarse como empleador en el sistema de Seguridad Social, lo que permite al empleador cotizar por sus trabajadores y garantizar sus derechos sociales, como el acceso a la asistencia sanitaria, las prestaciones por desempleo o las pensiones. El alta como empresario es un trámite obligatorio y debe realizarse antes de que el trabajador inicie su actividad.

Este proceso se realiza en la Tesorería General de la Seguridad Social (TGSS). El empleador debe proporcionar una serie de datos, incluyendo su número de identificación fiscal (NIF), la actividad económica que va a desarrollar y la sede de la empresa. El trámite es relativamente sencillo y se puede realizar de manera presencial o a través de la Sede Electrónica de la Seguridad Social.

En el caso de los autónomos, estos también deben estar dados de alta en el Régimen Especial de Trabajadores Autónomos (RETA), pero es importante destacar que la alta como empleador es un paso adicional si se van a contratar trabajadores por cuenta ajena.

Una vez registrado como empresario, el empleador adquiere la obligación de realizar las cotizaciones a la Seguridad Social correspondientes por cada uno de sus empleados. Estas cotizaciones varían según el tipo de contrato, el salario del trabajador y la actividad de la empresa, y deben pagarse mensualmente.

Obtención del código de cuenta de cotización

Una vez que el empresario se ha dado de alta en la Seguridad Social, debe obtener su código de cuenta de cotización (CCC), que es un número identificativo asignado por la TGSS a cada empleador. Este código es esencial para poder gestionar las cotizaciones de los empleados y es requerido en todos los trámites relacionados con la Seguridad Social.

El CCC permite identificar la empresa o el autónomo a efectos de cotización por los trabajadores que contrate. Si la empresa tiene varias sedes o centros de trabajo, puede solicitar varios CCC, uno para cada centro de trabajo. El CCC está asociado a la actividad económica que realiza la empresa, por lo que cualquier cambio en la misma deberá notificarse a la Seguridad Social para actualizar el código. Cada empresa u autónomo deberá tener un CCC por cada actividad en la que quiera tener trabajadores contratados.

Este trámite es obligatorio antes de realizar cualquier contratación y debe gestionarse a través de la Tesorería General de la Seguridad Social.

Una vez obtenido, el CCC debe utilizarse para realizar las altas y bajas de los trabajadores en el sistema de la Seguridad Social y para el pago de las cotizaciones.

Comunicación de la apertura de un centro de trabajo

Otro de los requisitos indispensables al contratar empleados es comunicar la apertura del centro de trabajo a la autoridad laboral competente de la comunidad autónoma en la que se ubique la empresa. Esta comunicación es obligatoria y debe realizarse dentro de los treinta días siguientes a la apertura del centro de trabajo.

El centro de trabajo se refiere al lugar físico donde los empleados desarrollarán su actividad. Puede ser una oficina, una tienda, un taller o cualquier otro tipo de establecimiento donde se realice la actividad empresarial. En el caso de los autónomos que trabajen desde casa o en un espacio compartido, también es necesario realizar esta comunicación si se van a contratar trabajadores.

Este trámite tiene como objetivo que la autoridad laboral tenga constancia de la existencia del centro de trabajo y pueda asegurarse de que cumple con las normativas vigentes en materia de seguridad y salud laboral.

La comunicación puede realizarse de forma presencial en las oficinas de la Inspección de Trabajo y Seguridad Social, o bien a través de los portales electrónicos habilitados por las comunidades autónomas.

Es importante destacar que, además de la apertura del centro de trabajo, el empresario también tiene la obligación de cumplir con la normativa en materia de prevención de riesgos laborales, lo que incluye la evaluación de riesgos en el centro de trabajo y la adopción de medidas preventivas para proteger la seguridad y salud de los trabajadores.

El sector de la construcción, donde se puede trabajar en diferentes obras fuera de la dirección de la actividad de la empresa, la evaluación de riesgos del centro de trabajo y la adopción de medidas preventivas se realiza a través de Red Sara. Es obligatorio presentar el plan de prevención de riesgos laborales de la obra en cuestión.

Registro en la Agencia Tributaria

Por último, es necesario realizar el registro en la Agencia Tributaria de las obligaciones tributarias por tener trabajadores por cuenta ajena. Cada vez que una empresa paga un salario a un trabajador, está obligada a realizar una retención sobre ese salario en concepto de impuesto sobre la renta de las personas físicas (IRPF). Esta retención es un anticipo del impuesto que el trabajador deberá pagar cuando realice su declaración de la renta.

El porcentaje de retención varía en función del salario y las circunstancias personales del trabajador, como su situación familiar, económica y el número de pagadores. La empresa, como empleador, tiene la obligación de calcular esta retención, ingresarla en la Agencia Tributaria y emitir un certificado de retenciones a sus empleados al final del año.

Además, las empresas deben presentar las correspondientes declaraciones trimestrales de las retenciones de IRPF (modelo III) y un resumen anual (modelo 190) ante la Agencia Tributaria.

El alta en la Agencia Tributaria se realiza al mismo tiempo que el alta en el Censo de Empresarios, Profesionales y Retenedores, y es un paso obligatorio para cualquier empresa que contrate personal o realice retenciones sobre ingresos de trabajadores o profesionales.

Conclusión

El proceso de contratación de empleados en España implica una serie de trámites administrativos que deben realizarse antes de que el trabajador inicie su actividad.

Desde el alta como empresario en la Seguridad Social hasta la obtención del CCC, la comunicación de la apertura del centro de trabajo y el registro en la Agencia Tributaria, todos estos pasos son esenciales para garantizar que la empresa cumpla con sus obligaciones legales y que los trabajadores disfruten de sus derechos.

Cumplir con estos requisitos es fundamental para evitar sanciones y asegurar una gestión laboral eficiente y responsable.

Tipos de contratos laborales vigentes

En el contexto de la legislación laboral española, la contratación de trabajadores puede realizarse a través de diferentes modalidades contractuales, que permiten a las empresas y autónomos adaptarse a sus necesidades productivas y organizativas.

La reforma laboral de 2021–2022 trajo importantes cambios en la tipología de contratos, con el objetivo de reducir la temporalidad y fomentar la estabilidad en el empleo. A continuación, se describen los tipos de contratos laborales vigentes en España.

Contrato indefinido

El contrato indefinido es la modalidad contractual que busca fomentar la estabilidad laboral. En este tipo de contrato, no se establece una fecha de finalización, lo que garantiza al trabajador una continuidad en su empleo mientras no se produzca un cese justificado.

El contrato indefinido es la forma preferida de contratación en el marco legal actual. Cualquier contrato celebrado que no cumpla con los requisitos para ser temporal se considera automáticamente indefinido.

> **Contrato indefinido ordinario:** es el contrato por defecto en el que no se fija una duración determinada.

El contrato indefinido puede celebrarse tanto a tiempo completo como a tiempo parcial. En ambos casos, otorga derechos al trabajador a prestaciones por desempleo y a indemnizaciones en caso de despido improcedente u objetivo. Las empresas que realicen este tipo de contrato pueden acceder a ciertas bonificaciones en las cuotas de la Seguridad Social, especialmente si contratan a jóvenes, mayores de 45 años o colectivos vulnerables.

Contrato temporal (por circunstancias de la producción o sustitución de persona trabajadora)

El contrato temporal sigue siendo una modalidad permitida en el sistema laboral español, pero su uso ha sido más regulado y limitado tras la reforma laboral para evitar la precariedad.

Este tipo de contrato está justificado únicamente en dos supuestos:

- **Por circunstancias de la producción.** Este tipo de contrato puede celebrarse para atender aumentos imprevisibles de la producción o situaciones excepcionales que no formen parte de la actividad normal de la empresa, como picos de demanda estacional o acumulación de tareas. La duración de este contrato no puede exceder de seis meses, salvo que el convenio colectivo aplicable permita ampliarlo hasta un máximo de un año.

• **Por sustitución de una persona trabajadora.** Este contrato temporal puede utilizarse para cubrir a un trabajador que tenga derecho a la reserva de su puesto, como en casos de baja por maternidad, paternidad, incapacidad temporal o excedencias. El contrato debe especificar el nombre del trabajador sustituido y la causa de la sustitución. Termina cuando el trabajador sustituido se reincorpora a su puesto.

Con las recientes reformas, se ha establecido que los contratos temporales que no se ajusten estrictamente a estas causas pueden considerarse fraudulentos y pasar a ser considerados indefinidos. Además, la concatenación de contratos temporales en un mismo puesto también está limitada para evitar el abuso de esta modalidad.

Contrato formativo (en alternancia y para la obtención de práctica profesional)

El contrato formativo está orientado a facilitar la inserción laboral de jóvenes y personas en proceso de formación.

Dentro de esta modalidad, existen dos tipos principales de contratos:

- **Contrato de formación en alternancia.** Se utiliza para compaginar el empleo con la formación teórica en un sistema de aprendizaje. Está dirigido a jóvenes que no han terminado su formación académica. Combina el trabajo en la empresa con la formación en un centro educativo. La duración mínima de este contrato es de tres meses y puede prolongarse hasta un máximo de dos años. Durante el tiempo que dure el contrato, el salario del trabajador es proporcional al tiempo efectivo de trabajo y no puede ser inferior al salario mínimo interprofesional.

- **Contrato para la obtención de práctica profesional.** Está destinado a personas que han finalizado su formación y buscan adquirir experiencia profesional en su campo de estudio. Este tipo de contrato solo puede celebrarse dentro de los tres años posteriores a la finalización de los estudios (o cinco años en caso de personas con discapacidad). La duración de este contrato es un año de duración.

Ambos tipos de contrato formativo incluyen ciertas bonificaciones en las cotizaciones a la Seguridad Social para el empleador, lo que incentiva la contratación de jóvenes y la mejora de sus competencias profesionales.

El contrato de formación en alternancia tiene bonificaciones directas y el de práctica profesional solo, al ser transformado en indefinido a su término.

Contrato fijo-discontinuo

El contrato fijo–discontinuo es una modalidad que ha cobrado relevancia tras la reforma laboral, especialmente para actividades estacionales o de carácter intermitente. Este contrato está diseñado para aquellos trabajadores que realizan tareas que se repiten cíclicamente pero no de manera continua a lo largo del año, como sucede en sectores como el turismo, la agricultura o la hostelería.

A diferencia de un contrato temporal, el trabajador fijo-discontinuo tiene garantizado su empleo en las temporadas o periodos de actividad de la empresa, y debe ser llamado para reincorporarse al inicio de cada campaña.

El trabajador cuenta con los mismos derechos que un trabajador indefinido en cuanto a antigüedad y prestaciones. Tiene preferencia para acceder a empleos fijos a tiempo completo si la empresa aumenta su actividad.

Contrato a tiempo parcial

El contrato a tiempo parcial es aquel en el que el trabajador presta sus servicios durante un número de horas inferior a la jornada completa. Puede aplicarse tanto a contratos indefinidos como temporales.

Se utiliza frecuentemente en sectores como el comercio, la hostelería y la administración. El trabajador a tiempo parcial tiene derecho a las mismas condiciones que un trabajador a jornada completa, en proporción a las horas trabajadas. Esto incluye el derecho a vacaciones, a las pagas extras y a las prestaciones sociales.

Transformación de contratos temporales en indefinidos

La legislación laboral también incentiva la transformación de contratos temporales en indefinidos mediante bonificaciones y exenciones en las cotizaciones a la Seguridad Social. Esta transformación puede darse de manera automática cuando se supera el límite legal de contratación temporal o como resultado de una decisión empresarial. El objetivo de esta medida es promover la estabilidad laboral y evitar el uso fraudulento de los contratos temporales.

Conclusión

En resumen, los contratos laborales vigentes en España ofrecen una variedad de opciones que permiten a las pymes y los autónomos adaptarse a las necesidades cambiantes de su actividad empresarial, respetando siempre el marco legal establecido. Conocer estas modalidades es esencial para gestionar correctamente la contratación de empleados y evitar sanciones o problemas laborales.

Convenios colectivos

En el ámbito de la gestión laboral, los convenios colectivos desempeñan un papel clave para regular las condiciones de trabajo en las empresas.

Los convenios son acuerdos alcanzados entre representantes de los trabajadores (generalmente sindicatos) y las organizaciones empresariales o la propia empresa, que regulan aspectos como salarios, jornada laboral, descansos, vacaciones, condiciones de seguridad y salud, entre otros. Son de cumplimiento obligatorio para las partes firmantes y tienen un impacto directo en la gestión de recursos humanos de las pymes y los autónomos.

A continuación, se detalla el funcionamiento y la importancia de los convenios colectivos en España.

¿Qué es un convenio colectivo?

Un convenio colectivo es un acuerdo pactado entre los representantes de los trabajadores y los empleadores que regula las condiciones laborales en un sector, empresa o ámbito geográfico concreto. Su principal objetivo es complementar la normativa laboral general recogida en el Estatuto de los Trabajadores y garantizar unas condiciones mínimas para los empleados en determinadas industrias o sectores.

Los convenios colectivos cubren una amplia gama de aspectos relacionados con la relación laboral, como:

- **Salarios.** El convenio establece el salario mínimo que pagar en función de las categorías profesionales y la antigüedad.

- **Jornada laboral.** Regula la duración máxima de la jornada, así como los descansos obligatorios, las horas extras y su retribución.

- **Vacaciones y permisos.** Determina el número de días de vacaciones anuales y los permisos retribuidos a los que tiene derecho el trabajador.

- **Condiciones de seguridad y salud laboral.** Establece las medidas que la empresa debe adoptar para garantizar la protección de los trabajadores.

- **Clasificación profesional y promoción interna.** Define las categorías profesionales dentro del sector o empresa, así como los criterios para ascensos o promociones.

- **Otros derechos sociales.** Pueden incluir medidas de conciliación de la vida laboral y familiar, formación e incluso beneficios en especie.

Es importante destacar que el convenio colectivo es vinculante, lo que significa que tanto la empresa como los empleados deben cumplir con las disposiciones que en él se recogen.

No es posible pactar condiciones menos favorables que las establecidas en el convenio, salvo que se trate de acuerdos más beneficiosos para el trabajador.

Ámbito de aplicación de los convenios

El ámbito de aplicación de los convenios colectivos puede ser diverso y puede referirse a una determinada zona geográfica, un sector de actividad o una empresa específica.

Los convenios pueden clasificarse en tres grandes categorías según su ámbito de actuación:

- **Convenios sectoriales.** Son los más comunes y se aplican a un sector de actividad en todo el territorio nacional o en una determinada comunidad autónoma. Un ejemplo de convenio sectorial sería el convenio colectivo de la construcción, que regula las condiciones laborales en el sector de la construcción en una región o en toda España.

- **Convenios de empresa.** Estos convenios se negocian entre los representantes de los trabajadores de una empresa y la dirección de esta, regulando las condiciones laborales específicamente en esa empresa. Un convenio de empresa puede establecer condiciones más ventajosas para los empleados que las que marca el convenio sectorial.

- **Convenios territoriales:** se aplican a nivel de una provincia o comunidad autónoma. Pueden regular un sector específico o varias actividades dentro de un área geográfica.

El ámbito de aplicación de un convenio colectivo puede variar, pero siempre debe estar claramente definido.

Para saber qué convenio colectivo se aplica en una empresa es necesario identificar la actividad económica principal de la empresa y el lugar donde se desarrolla.

En muchos casos, una misma empresa puede estar afectada por varios convenios, si realiza actividades en sectores diferentes o en más de una ubicación geográfica.

Cómo elegir el convenio aplicable a tu empresa

Para las pymes y los autónomos, identificar el convenio colectivo aplicable a su actividad es un paso fundamental para asegurar que se cumplan todas las obligaciones legales en materia laboral.

No elegir el convenio adecuado puede acarrear problemas legales y sanciones por parte de la Inspección de Trabajo, además de generar un mal clima laboral si los empleados perciben que sus derechos no están siendo respetados.

Los pasos que seguir para elegir el convenio adecuado son:

- **Identificar la actividad principal de la empresa.** El primer paso es determinar el código de la Clasificación Nacional de Actividades Económicas (CNAE) que corresponde a la actividad principal de la empresa. Esto se puede consultar en la web del Instituto Nacional de Estadística (INE). Este código es fundamental para identificar el convenio sectorial que corresponda.

- **Consultar los convenios aplicables al sector.** Una vez identificada la actividad principal, es necesario buscar los convenios colectivos que regulan ese sector a nivel nacional o en la comunidad autónoma o provincia donde opera la empresa. Esto puede hacerse a través de la web del Ministerio de Trabajo, de las organizaciones sindicales o de las asociaciones empresariales.

- **Evaluar si existe un convenio de empresa.** En caso de que la empresa haya negociado su propio convenio colectivo con los representantes de los trabajadores, este convenio prevalecerá sobre el convenio sectorial. Sin embargo, es importante que este convenio no establezca condiciones inferiores a las marcadas por el sector.

- **Solicitar asesoramiento profesional.** si existe alguna duda sobre qué convenio colectivo aplicar, es recomendable consultar con un asesor laboral o con el propio sindicato o asociación empresarial. Las pymes y los autónomos suelen contar con menos recursos para gestionar estos temas, por lo que recurrir a expertos puede evitar errores costosos.

Revisión periódica y actualizaciones

Los convenios colectivos no son estáticos; se negocian y revisan de manera periódica, generalmente cada dos o tres años, dependiendo de las cláusulas establecidas en el propio convenio. Esta revisión es crucial, porque las condiciones laborales, los salarios y las normativas de seguridad y salud evolucionan con el tiempo, y es necesario adaptar las relaciones laborales a estos cambios.

Las revisiones de los convenios pueden suponer un aumento de los salarios, la actualización de las condiciones laborales o la incorporación de nuevas medidas de seguridad. Es importante que las pymes y los autónomos estén atentos a estas revisiones, ya que cualquier incumplimiento de las nuevas disposiciones puede derivar en sanciones por parte de la Inspección de Trabajo. Para mantenerse al día con las actualizaciones de los convenios colectivos, es recomendable:

• Suscribirse a los boletines oficiales de la provincia o comunidad autónoma, donde se publican las actualizaciones de los convenios.

• Establecer canales de comunicación con los representantes de los trabajadores o con las asociaciones empresariales para estar al tanto de las negociaciones.

• Contar con un asesor laboral que se encargue de revisar y adaptar la política laboral de la empresa conforme a las nuevas disposiciones.

Conclusión

Los convenios colectivos son una herramienta esencial en la gestión laboral de las pymes y los autónomos en España.

A través de ellos, se regulan las condiciones mínimas que deben respetarse en cada sector, garantizando los derechos de los trabajadores y proporcionando un marco de seguridad y estabilidad laboral.

Identificar correctamente el convenio aplicable, revisarlo periódicamente y cumplir con sus disposiciones es fundamental para evitar problemas legales y para asegurar un entorno de trabajo justo y eficiente.

Obligaciones del contratador

Cuando una empresa o autónomo decide contratar empleados, adquiere una serie de obligaciones legales y administrativas, que deben cumplirse para garantizar tanto los derechos de los trabajadores como el buen funcionamiento de la relación laboral. El incumplimiento de estas obligaciones puede acarrear sanciones, conflictos laborales y una pérdida de confianza en el entorno de trabajo.

A continuación, se detallan las principales obligaciones del contratador en España, centradas en cinco aspectos clave: el registro de la jornada laboral, la entrega de nóminas, la prevención de riesgos laborales, la formación obligatoria, y la contratación y despido según la normativa vigente.

Registro de la jornada laboral

Desde mayo de 2019, en España es obligatorio para todas las empresas llevar un registro diario de la jornada laboral de sus trabajadores, según lo establece el Real Decreto-Ley 8/2019.

Este registro tiene como objetivo controlar las horas trabajadas, incluyendo las horas ordinarias y las horas extras, lo que garantiza así que los trabajadores no sobrepasen los límites de jornada establecidos y que se respeten sus derechos laborales.

El registro de la jornada debe incluir la hora de inicio y fin de la jornada de cada trabajador, y se debe realizar de manera diaria.

Esta medida se aplica tanto a los trabajadores a tiempo completo como a los que tienen contratos a tiempo parcial. Es especialmente importante en estos últimos para asegurar que se respeta el límite de horas pactado en el contrato.

El formato del registro de jornada puede variar, desde sistemas manuales (como hojas de firma) hasta herramientas digitales o aplicaciones específicas que registran la entrada y salida.

Lo más importante es que el registro sea veraz y que la empresa pueda conservarlo durante un periodo mínimo de cuatro años, ya que la Inspección de Trabajo puede solicitar revisarlo en cualquier momento.

El incumplimiento de esta obligación puede derivar en multas que oscilan entre los 626 y los 6250 euros, dependiendo de la gravedad del caso.

Entrega de nóminas y su desglose

La entrega de nóminas es otra de las obligaciones fundamentales del empleador.

Según el Estatuto de los Trabajadores, el empleador debe proporcionar a sus empleados un recibo justificativo de los pagos que se realizan en concepto de salario. Este recibo, conocido como nómina, debe incluir un desglose detallado de los conceptos retributivos y deducciones que se aplican al salario.

La nómina debe contener la siguiente información:

• Datos de la empresa y del trabajador.

• Periodo de pago al que corresponde.

• Salario base y otros complementos salariales, como antigüedad, horas extras o comisiones.

• Deducciones (retenciones de IRPF, cotizaciones a la Seguridad Social y otras retenciones que sean aplicables).

• Total devengado (lo que el trabajador debería recibir sin descontar deducciones) y total líquido a percibir (el salario final después de las deducciones).

Es importante que el empleador entregue la nómina al trabajador de manera regular, normalmente de forma mensual, y que quede constancia de su entrega.

Además, las nóminas deben ajustarse a lo establecido en el convenio colectivo aplicable o a las condiciones pactadas en el contrato de trabajo.

El incumplimiento en la entrega de nóminas puede dar lugar a sanciones económicas y reclamaciones por parte de los trabajadores.

Prevención de riesgos laborales

La prevención de riesgos laborales es un aspecto crucial para garantizar la seguridad y salud de los trabajadores en el lugar de trabajo.

En España, la Ley 31/1995 de Prevención de Riesgos Laborales establece la obligación del empleador de velar por la integridad física y mental de sus empleados, adoptando las medidas preventivas necesarias para evitar accidentes y enfermedades laborales.

Las principales obligaciones del contratador en este ámbito son:

- Evaluar los riesgos laborales de cada puesto de trabajo y tomar las medidas necesarias para eliminarlos o minimizarlos.

- Informar y formar a los trabajadores sobre los riesgos a los que están expuestos y las medidas de prevención que deben adoptar.

- Proporcionar equipos de protección individual (EPI) adecuados cuando sea necesario.

- Vigilar la salud de los trabajadores, realizando reconocimientos médicos periódicos si los riesgos del trabajo lo requieren.

- Designar a un responsable o contratar un servicio de prevención ajeno si la empresa no cuenta con un departamento de prevención propio.

El incumplimiento de la normativa en prevención de riesgos laborales puede derivar en sanciones económicas, además de la responsabilidad civil o penal en caso de accidente grave. Por lo tanto, es esencial que las pymes y los autónomos establezcan un plan de prevención adaptado a las características de su actividad y de los puestos de trabajo.

Formación obligatoria

Otra de las obligaciones del empleador es proporcionar la formación obligatoria a los trabajadores en función de los riesgos específicos del puesto de trabajo, así como la formación necesaria para que puedan desempeñar sus funciones de manera eficaz y segura. Esta formación puede estar relacionada con la prevención de riesgos laborales, el manejo de maquinaria o con competencias específicas del puesto de trabajo, según las exigencias de la empresa o la normativa sectorial.

La formación debe ser gratuita para el trabajador y debe realizarse, siempre que sea posible, dentro de la jornada laboral. Además, debe ser continua, es decir, debe actualizarse cuando sea necesario para adaptarse a los cambios en el puesto de trabajo o a la normativa.

El incumplimiento de la obligación de formación puede dar lugar a sanciones por parte de la Inspección de Trabajo y también puede ser un factor agravante en caso de accidente laboral, ya que el empresario podría ser considerado responsable por no haber proporcionado la formación adecuada.

Contratación y despido según la normativa vigente

El empleador está obligado a cumplir con la normativa laboral vigente en todos los procesos de contratación y despido de empleados. Esto implica que cualquier contratación debe realizarse de acuerdo con las modalidades contractuales permitidas por la ley, ya sea mediante contratos indefinidos, temporales, de formación o de otras modalidades vigentes. Además, los contratos deben formalizarse por escrito, cuando así lo exige la normativa, y deben registrarse en la Seguridad Social dentro de los plazos establecidos.

En cuanto al despido, debe realizarse conforme a la normativa vigente. Se distingue entre los diferentes tipos de despido (disciplinario, objetivo o colectivo). Hay que cumplir con los requisitos formales, como la comunicación por escrito y, en algunos casos, la indemnización correspondiente.

Un despido improcedente o no ajustado a derecho puede derivar en la readmisión del trabajador o en el pago de una indemnización sustancial, además de dañar la reputación de la empresa.

Conclusión

Cumplir con las obligaciones del contratador es fundamental para garantizar una correcta gestión laboral y evitar sanciones o problemas legales.

Desde el registro de la jornada laboral y la entrega de nóminas hasta la prevención de riesgos laborales, la formación y la correcta contratación y despido de empleados, las pymes y los autónomos deben estar atentos a todas estas obligaciones para asegurar un entorno de trabajo justo, seguro y productivo.

Estas responsabilidades no solo protegen los derechos de los trabajadores, sino que mejoran la eficiencia y el cumplimiento normativo de la empresa.

Seguridad Social y cotizaciones

La Seguridad Social en España es un sistema de protección social que garantiza una serie de prestaciones y servicios a los trabajadores en caso de enfermedad, accidente, jubilación, desempleo y otras situaciones que puedan afectar su capacidad para trabajar o sus ingresos.

Para financiar este sistema, tanto empleadores como empleados están obligados a realizar aportaciones a la Seguridad Social a través de las cotizaciones.

En este capítulo, analizaremos los tipos de cotizaciones, cómo calcularlas, los plazos de pago, sanciones por incumplimiento, y las bonificaciones y reducciones disponibles.

Tipos de cotizaciones a la Seguridad Social

En España, existen diferentes tipos de cotizaciones a la Seguridad Social. Su cálculo se realiza en función del tipo de contrato, la categoría profesional del trabajador y su base de cotización.

A continuación, se describen los principales tipos de cotizaciones:

- **Contingencias comunes.** Estas cotizaciones cubren situaciones de enfermedad común, accidente no laboral, maternidad, paternidad y jubilación, entre otras. Son la mayor parte de las cotizaciones y se aplican a todos los trabajadores. Los empleadores contribuyen con un porcentaje mayor que los empleados.

- **Contingencias profesionales.** Estas cubren accidentes de trabajo y enfermedades profesionales. La cuantía de la cotización varía según la actividad que realiza el trabajador y el nivel de riesgo asociado. En este caso, la cotización es responsabilidad exclusiva del empleador.

- **Desempleo.** Estas cotizaciones financian las prestaciones por desempleo para los trabajadores que pierden su empleo de forma involuntaria. El coste se reparte entre el empleador y el empleado.

- **Fondo de Garantía Salarial (FOGASA).** Este fondo cubre el pago de salarios e indemnizaciones en caso de insolvencia de la empresa. La cotización es a cargo exclusivo del empleador y es un pequeño porcentaje de la base de cotización.

- **Formación profesional.** Estas cotizaciones financian los programas de formación profesional para mejorar las competencias de los trabajadores. Tanto el empleador como el empleado deben contribuir a este fondo.

Las cotizaciones se calculan a partir de los ingresos del trabajador, tomando como referencia las bases de cotización establecidas cada año por el Gobierno.

La base de cotización incluye el salario bruto, así como otros conceptos retributivos, como pagas extras, comisiones o dietas que estén sujetas a cotización.

Cómo calcular las cotizaciones

El cálculo de las cotizaciones se realiza aplicando unos porcentajes específicos a la base de cotización del trabajador, dependiendo del tipo de contingencia.

La Seguridad Social publica anualmente las bases mínimas y máximas de cotización, que varían en función de la categoría profesional y del grupo de cotización del trabajador.

Para calcular las cotizaciones, se deben seguir los siguientes pasos:

- **Determinar la base de cotización.** La base de cotización mensual es la suma del salario bruto más las pagas extras prorrateadas y otros conceptos retributivos que estén sujetos a cotización. Si el salario del trabajador está por debajo de la base mínima de cotización, se cotizará por la base mínima. Si supera la base máxima, se cotizará por la base máxima.

- **Aplicar los tipos de cotización.** A la base de cotización se le aplican los tipos establecidos para cada contingencia. Estos porcentajes son fijos y se actualizan periódicamente. Por ejemplo, para las contingencias comunes el tipo es aproximadamente el 28,3 %, de los cuales el empleador paga un 23,6 % y el trabajador el 4,7 %.

- **Sumar las cotizaciones.** Una vez aplicados los diferentes tipos a la base de cotización, se suman las cantidades para obtener el total de la cotización mensual.

Es importante destacar que las cotizaciones se distribuyen entre el empleador y el empleado. La empresa es responsable de retener la parte correspondiente al trabajador y de ingresar el total a la Seguridad Social.

Plazos de pago y sanciones

El empleador está obligado a ingresar las cotizaciones a la Seguridad Social de manera mensual.

El plazo máximo para el pago es el último día natural del mes siguiente al que corresponden las cotizaciones. Por ejemplo, las cotizaciones correspondientes a marzo deben ingresarse como máximo el 30 de abril.

Si la empresa no cumple con los plazos de pago, se enfrentará a sanciones y recargos. El recargo por ingreso fuera de plazo sin requerimiento de la Administración es del 10 % de la deuda. Si la Seguridad Social tiene que notificar el incumplimiento, el recargo puede ascender al 20 %. Además, la empresa podría enfrentar inspecciones, sanciones económicas adicionales y, en casos graves, responsabilidades penales.

Para evitar problemas, es fundamental llevar un control riguroso de las cotizaciones y cumplir con los plazos establecidos.

Bonificaciones y reducciones en las cotizaciones

El sistema de Seguridad Social en España incluye una serie de bonificaciones y reducciones que permiten a las empresas disminuir el coste de las cotizaciones en determinadas circunstancias.

Estas medidas tienen como objetivo incentivar la contratación de colectivos vulnerables y fomentar el empleo estable.

A continuación, se mencionan algunas de las bonificaciones más comunes:

- **Bonificaciones por contratación indefinida.** Las empresas que contraten de manera indefinida a desempleados de larga duración, personas que pertenezcan a algún colectivo de exclusión social o personas con discapacidad, pueden beneficiarse de reducciones significativas en las cotizaciones. Estas bonificaciones pueden llegar a ser de hasta el 100% en ciertos casos, como en la contratación de personas con un grado de discapacidad superior al 33 %.

- **Bonificaciones por transformación de contratos temporales en indefinidos.** Aquellas empresas que conviertan contratos temporales en indefinidos también pueden acceder a bonificaciones en las cotizaciones a la Seguridad Social. Esta medida está diseñada para reducir la temporalidad y fomentar la estabilidad en el empleo. Importante: es para colectivos específicos, como contratos de relevo, algunos contratos de sustitución o contratos a personas con discapacidad.

- **Reducción de cotizaciones en sectores específicos.** Algunos sectores de actividad, como la agricultura o la hostelería, pueden beneficiarse de reducciones en las cotizaciones, especialmente en periodos de menor actividad o cuando se contrata a trabajadores fijos–discontinuos.

- **Incentivos a la contratación de jóvenes y mayores de 45 años.** Además de las bonificaciones por contratación indefinida, existen reducciones específicas para fomentar la contratación de jóvenes que se incorporan al mercado laboral y de mayores de 45 años que llevan tiempo en situación de desempleo.

- **Bonificaciones en formación en alternancia.** Los contratos de formación y aprendizaje también ofrecen ventajas en términos de cotizaciones. Las empresas que contraten a trabajadores bajo esta modalidad pueden beneficiarse de bonificaciones de hasta el 100 % de las cotizaciones a la Seguridad Social.

Es importante que las pymes y los autónomos estén informados sobre las bonificaciones disponibles y se asesoren adecuadamente para aprovechar estos incentivos, ya que pueden suponer un ahorro considerable en los costes laborales, siempre que se cumplan los requisitos, como el mantenimiento del nivel de empleo.

Conclusión

Cumplir con las obligaciones de cotización a la Seguridad Social es un aspecto esencial en la gestión laboral de cualquier pyme o autónomo.

Las cotizaciones no solo garantizan la protección de los trabajadores, sino que también son necesarias para evitar sanciones y garantizar el buen funcionamiento de la relación laboral.

Además, las bonificaciones y reducciones disponibles ofrecen oportunidades para reducir los costes asociados a la contratación, fomentando la creación de empleo estable y la inclusión de colectivos vulnerables.

Un buen control de las cotizaciones y el cumplimiento de los plazos es clave para la gestión eficiente de los recursos humanos.

Despidos: tipos y trámites

El despido es una de las decisiones más delicadas que una pyme o un autónomo puede tomar, ya que implica la terminación de la relación laboral con un trabajador.

En España, la legislación laboral establece una serie de procedimientos y condiciones que deben cumplirse para que un despido sea considerado válido y ajustado a derecho.

El incumplimiento de estos requisitos puede acarrear graves consecuencias para la empresa, incluyendo indemnizaciones más altas o la readmisión del trabajador.

En este capítulo, analizaremos los principales tipos de despido, los procedimientos para un despido correcto y los derechos del trabajador despedido.

Despido disciplinario

El despido disciplinario se basa en un incumplimiento grave y culpable por parte del trabajador de sus obligaciones contractuales. Este tipo de despido está contemplado en el artículo 54 del Estatuto de los Trabajadores. Solo puede aplicarse cuando el comportamiento del trabajador es lo suficientemente grave como para justificar la extinción del contrato sin derecho a indemnización.

Algunos de los motivos que pueden justificar un despido disciplinario incluyen:

- Faltas de asistencia o puntualidad reiteradas y no justificadas.

- Indisciplina o desobediencia en el trabajo.

- Ofensas verbales o físicas a otros trabajadores o al empleador.

- Transgresión de la buena fe contractual o abuso de confianza.

- Disminución continuada y voluntaria del rendimiento.

- Acoso laboral, sexual o por razón de género.

El despido disciplinario no conlleva preaviso, pero se debe comunicar por escrito al trabajador, especificando los hechos que lo motivan y la fecha en la que tendrá efectos.

Es importante que la empresa tenga pruebas documentales y claras que justifiquen el despido, para evitar que el trabajador lo impugne como improcedente.

Si el despido disciplinario se declara procedente por un juez, el trabajador no tiene derecho a indemnización, aunque sí tiene derecho a recibir el finiquito (pago de los días trabajados y vacaciones no disfrutadas).

Si se declara improcedente, la empresa deberá optar entre readmitir al trabajador y pagar salarios de tramitación o indemnizarlo según el régimen legal aplicable.

Despido objetivo

El despido objetivo se produce cuando la empresa necesita despedir a un trabajador por causas no imputables a su conducta, sino por razones económicas, organizativas, técnicas o de producción.

Este tipo de despido también está regulado por el Estatuto de los Trabajadores, en su artículo 52, y requiere el cumplimiento de ciertos requisitos formales.

Las causas más comunes de despido objetivo son:

- **Causas económicas.** Cuando la empresa atraviesa una situación económica negativa, como la disminución de ingresos o ventas.

- **Causas técnicas.** Cambios en los métodos o sistemas de trabajo que hacen que un puesto de trabajo se vuelva innecesario.

- **Causas organizativas.** Reestructuración interna de la empresa que justifica la eliminación de puestos de trabajo.

- **Causas productivas.** Reducción de la demanda de productos o servicios que afecta directamente la actividad de la empresa.

A diferencia del despido disciplinario, el despido objetivo sí da derecho a una indemnización para el trabajador, que es de veinte días de salario por año trabajado, con un máximo de doce mensualidades. Además, la empresa está obligada a preavisar al trabajador con un mínimo de quince días de antelación, o en su defecto, a pagar el salario correspondiente a esos quince días.

El despido objetivo debe formalizarse por escrito, indicando de manera clara la causa que lo justifica y acompañándose de la documentación que lo acredite.

También es necesario poner a disposición del trabajador la indemnización correspondiente en el momento de la entrega de la carta de despido, salvo que la situación económica de la empresa impida realizar el pago en ese momento.

Si el despido objetivo es declarado improcedente por un juez, la empresa deberá optar entre la readmisión del trabajador pagando salarios de tramitación o el pago de una indemnización mayor (treinta y tres días por año trabajado con un máximo de veinticuatro mensualidades).

En el caso de que se declare nulo, el trabajador deberá ser readmitido inmediatamente y abonar salarios de tramitación al trabajador.

Despido colectivo (ERE)

El despido colectivo, también conocido como expediente de regulación de empleo (ERE), se aplica cuando la empresa necesita despedir a un número significativo de trabajadores por causas económicas, técnicas, organizativas o de producción. Este tipo de despido afecta generalmente a grandes empresas, pero también puede aplicarse a las pymes si se cumplen ciertos criterios.

Un despido se considera colectivo si, en un periodo de noventa días, afecta a:

• Diez trabajadores en empresas con menos de cien empleados.

• El 10 % del personal en empresas que tengan entre cien y trescientos empleados.

• Treinta trabajadores en empresas con más de trescientos empleados.

El proceso de despido colectivo requiere de la apertura de un periodo de consultas con los representantes de los trabajadores, que debe durar un mínimo de treinta días (quince en empresas de menos de cincuenta empleados). Durante este tiempo, ambas partes intentan negociar las condiciones del despido y posibles alternativas para minimizar su impacto, como recolocaciones o reducciones de jornada.

Al igual que en el despido objetivo, los trabajadores despedidos en un ERE tienen derecho a una indemnización de veinte días de salario por año trabajado, con un límite de doce mensualidades.

Procedimientos para un despido correcto

Independientemente del tipo de despido, es fundamental que las empresas sigan los procedimientos formales establecidos por la legislación para evitar que el despido sea declarado improcedente o nulo.

Algunos de los pasos clave incluyen:

- **Comunicación por escrito.** El despido debe formalizarse mediante una carta de despido en la que se detallen los motivos de este y la fecha en la que tendrá efectos.

- **Preaviso.** En los despidos objetivos o colectivos, se debe cumplir con el periodo de preaviso de quince días, o bien compensar al trabajador con el salario correspondiente a esos días.

- **Indemnización.** En los despidos objetivos y colectivos, la indemnización debe estar disponible para el trabajador en el momento del despido, salvo excepciones justificadas.

- **Documentación.** Es fundamental que la empresa guarde toda la documentación que acredite la causa del despido y cualquier correspondencia o prueba que sustente la decisión.

Derechos del trabajador despedido

El trabajador despedido tiene una serie de derechos que deben respetarse en todo momento:

- **Finiquito.** El trabajador tiene derecho a recibir el salario correspondiente a los días trabajados y las vacaciones no disfrutadas hasta la fecha de despido.

- **Indemnización.** En los casos de despido objetivo o colectivo, el trabajador tiene derecho a una indemnización acorde con los días trabajados.

- **Prestación por desempleo.** Si el trabajador ha cotizado durante al menos trescientos sesenta días en los últimos seis años, tiene derecho a solicitar la prestación por desempleo.

- **Reclamación.** El trabajador tiene derecho a impugnar el despido ante la jurisdicción social si considera que no está justificado. Si se declara improcedente o nulo, el trabajador podrá ser readmitido o recibir una indemnización mayor.

Conclusión

El despido es un proceso que debe manejarse con rigor para evitar problemas legales.

Conocer los diferentes tipos de despido y seguir los procedimientos adecuados permite a las pymes y los autónomos gestionar correctamente la terminación de los contratos laborales, minimizando el riesgo de litigios y asegurando el respeto a los derechos de los trabajadores.

ERTE y ERE

La regulación laboral en España contempla mecanismos que permiten a las empresas ajustarse a situaciones de crisis o dificultades económicas. Dos de las principales herramientas para gestionar estos escenarios son los expedientes de regulación temporal de empleo (ERTE) y los expedientes de regulación de empleo (ERE). Ambos mecanismos tienen como objetivo preservar la viabilidad de las empresas en momentos críticos, pero difieren en su aplicación y efectos sobre los trabajadores.

A continuación, se explican qué es cada uno, las diferencias entre ellos, los procedimientos de tramitación y los derechos de los trabajadores.

Qué es un ERTE y cuándo aplicarlo

El ERTE es una medida laboral que permite a las empresas suspender temporalmente los contratos de trabajo o reducir la jornada laboral de sus empleados sin que esto implique un despido.

La finalidad del ERTE es dar a las empresas la posibilidad de ajustar su estructura laboral a situaciones económicas adversas sin perder a sus empleados de forma definitiva, con la esperanza de que, una vez superada la crisis, puedan retomar la actividad normal y reincorporar a sus trabajadores.

Existen varias causas por las que una empresa puede solicitar un ERTE, las cuales están recogidas en el Estatuto de los Trabajadores:

- **Causas económicas.** Cuando la empresa atraviesa una situación financiera negativa, como una caída sustancial de ingresos o una reducción significativa de la demanda.

- **Causas técnicas.** Cuando se introducen cambios tecnológicos o de procesos que temporalmente alteran la organización del trabajo.

- **Causas organizativas.** Cuando la estructura interna de la empresa se reorganiza o cambia, lo que afecta la necesidad de mano de obra.

- **Causas productivas.** Cuando la producción de bienes o servicios se ve afectada por factores externos, como cambios en la demanda o en el mercado.

Un ERTE puede implicar la suspensión de los contratos de los trabajadores o la reducción de su jornada laboral (y, por tanto, de su salario) durante un periodo determinado, con la obligación de reincorporar a los empleados una vez finalizado el ERTE.

Diferencias entre ERTE y ERE

El ERE es una medida más drástica, pues implica la extinción definitiva de contratos de trabajo.

Un ERE es una herramienta utilizada cuando una empresa necesita reducir permanentemente su plantilla debido a causas económicas, técnicas, organizativas o productivas, o cuando se produce el cierre de la empresa.

La principal diferencia entre un ERTE y un ERE radica en la naturaleza de la medida:

- **ERTE.** Es una suspensión temporal o reducción de la jornada laboral. Los trabajadores afectados por un ERTE no pierden su empleo, sino que ven suspendido su contrato o reducida su jornada durante un tiempo determinado. Al finalizar el periodo de ERTE, los empleados deben ser reincorporados a sus puestos de trabajo en las mismas condiciones previas.

- **ERE.** Implica el despido definitivo de los trabajadores afectados. No hay expectativa de reincorporación al finalizar el proceso, ya que se trata de una medida estructural y permanente.

Otra diferencia importante es el impacto económico para los trabajadores. Durante un ERTE, los empleados reciben una prestación por desempleo mientras sus contratos están suspendidos o su jornada laboral reducida.

En un ERE, los trabajadores despedidos tienen derecho a una indemnización por despido y, si cumplen los requisitos, también a las prestaciones por desempleo.

Tramitación y aprobación

El procedimiento para tramitar un ERTE o un ERE está regulado por el Estatuto de los Trabajadores y requiere de la intervención de la autoridad laboral competente.

Los pasos para la tramitación de ambos expedientes son similares, aunque con algunas diferencias significativas.

• **Periodo de consultas.** Tanto en un ERTE como en un ERE, la empresa debe abrir un periodo de consultas con los representantes de los trabajadores. Este periodo tiene una duración mínima de quince días para empresas con menos de cincuenta empleados y de treinta días para empresas con más de cincuenta empleados. El objetivo es negociar con los representantes las condiciones del ERTE o ERE y tratar de buscar soluciones alternativas, como reducciones de jornada o recolocaciones.

• **Comunicación a la autoridad laboral.** Una vez finalizado el periodo de consultas, la empresa debe comunicar a la autoridad laboral la decisión de aplicar un ERTE o un ERE. En el caso del ERTE, la autoridad laboral tiene un plazo de cinco días para aprobar o denegar la solicitud. En el ERE, la autoridad laboral tiene un plazo más amplio para evaluar la situación y, en caso de necesidad, emitir una resolución favorable o desfavorable.

- **Notificación a los trabajadores.** Tras la aprobación del ERTE o del ERE, la empresa debe notificar formalmente a los trabajadores afectados. En un ERTE, los empleados continuarán vinculados a la empresa, aunque con sus contratos suspendidos o con la jornada reducida. En un ERE, los trabajadores deben ser indemnizados y despedidos conforme a la normativa vigente.

Derechos de los trabajadores afectados por un ERTE O ERE

Tanto en un ERTE como en un ERE, los trabajadores afectados tienen una serie de derechos que deben ser respetados por la empresa.

Derechos bajo un ERTE

- **Prestación por desempleo.** Los trabajadores afectados por un ERTE tienen derecho a cobrar una prestación por desempleo mientras dure la suspensión o reducción de jornada, aunque no hayan cotizado lo suficiente para acceder a la prestación en circunstancias normales. Durante la pandemia de COVID-19, esta medida se aplicó de manera generalizada para facilitar el acceso a prestaciones.

- **Reincorporación.** Una vez finalizado el periodo del ERTE, los trabajadores tienen derecho a ser reincorporados en las mismas condiciones que tenían antes de la suspensión o reducción de jornada.

- **Protección de derechos.** Los trabajadores continúan cotizando a la Seguridad Social durante el ERTE, lo que garantiza que sus derechos en términos de jubilación o prestaciones futuras no se vean afectados.

Derechos bajo un ERE

- **Indemnización por despido.** En un ERE, los trabajadores tienen derecho a una indemnización de veinte días de salario por año trabajado, con un máximo de doce mensualidades. Sin embargo, en muchos casos las negociaciones entre la empresa y los representantes de los trabajadores pueden dar lugar a indemnizaciones superiores.

- **Prestación por desempleo.** Los empleados despedidos en un ERE tienen derecho a solicitar la prestación por desempleo si han cotizado al menos trescientos sesenta días en los últimos seis años.

- **Recolocación.** En algunos ERE, especialmente en grandes empresas, se pueden establecer planes de recolocación para ayudar a los trabajadores despedidos a encontrar nuevos empleos.

Conclusión

Tanto los ERTE como los ERE son herramientas esenciales para que las empresas gestionen situaciones económicas o productivas adversas.

El ERTE permite a las empresas afrontar dificultades temporales sin perder a sus trabajadores, mientras que el ERE es una medida más drástica para situaciones que requieren de una reducción permanente de la plantilla.

En ambos casos, es fundamental que las pymes y los autónomos sigan los procedimientos legales y respeten los derechos de los trabajadores afectados.

Indemnizaciones y finiquitos

Cuando una relación laboral llega a su fin, ya sea por despido, finalización de contrato o baja voluntaria, es fundamental que la empresa o el autónomo realice una correcta liquidación de las cantidades que correspondan al trabajador. En este contexto, dos conceptos clave que deben gestionarse adecuadamente son la indemnización y el finiquito. Aunque a menudo se confunden, son conceptos distintos que tienen diferentes implicaciones legales y económicas.

En este capítulo, explicaremos cómo calcular una indemnización, las diferencias entre indemnización y finiquito, los derechos del trabajador en la liquidación final, y los plazos y formas de pago que deben respetarse.

Cómo calcular una indemnización

La indemnización es el pago que corresponde a un trabajador cuando su relación laboral se termina por causas no imputables a su propia voluntad, como en el caso de un despido o la finalización de un contrato temporal sin que se ofrezca continuidad. La cantidad que pagar varía según el tipo de despido o la causa de extinción del contrato.

A continuación, se detallan los diferentes escenarios de cálculo de indemnizaciones:

Despido objetivo

En un despido objetivo (por causas económicas, organizativas, técnicas o de producción), el trabajador tiene derecho a una indemnización de veinte días de salario por año trabajado, con un límite de doce mensualidades.

Este despido se justifica por la necesidad de la empresa de ajustar su plantilla debido a dificultades económicas o cambios estructurales. Debe estar adecuadamente documentado.

Fórmula:

indemnización = (días de salario por año trabajado) x (años trabajados en la empresa)

💬 Ejemplo: si un trabajador tiene un salario diario de 50 euros y ha trabajado 5 años, la indemnización sería: 20 días x 50 euros x 5 años = 5000 euros

Despido improcedente

En caso de que un despido sea declarado improcedente por un juez o que la empresa no cumpla con los requisitos legales, el trabajador tendrá derecho a una indemnización mayor.

> La cantidad que pagar será de 33 días de salario por año trabajado (para contratos celebrados después de la reforma laboral de 2012), con un límite de 24 mensualidades.

💬 Ejemplo: un trabajador con un salario diario de 60 euros y una antigüedad de 8 años recibiría: 33 días x 60 euros x 8 años = 15 840 euros.

Finalización de contrato temporal

Cuando un contrato temporal llega a su término y no es renovado, el trabajador tiene derecho a una indemnización de doce días de salario por año trabajado, salvo que el contrato fuera de prácticas o formación y contrato por sustitución, en cuyo caso no corresponde indemnización.

Despido colectivo (ERE)

En un expediente de regulación de empleo (ERE), los trabajadores despedidos también tienen derecho a una indemnización de veinte días de salario por año trabajado, con un límite de doce mensualidades, aunque en muchas ocasiones se negocian indemnizaciones superiores en función del acuerdo con los representantes de los trabajadores.

Es importante destacar que la indemnización debe estar disponible para el trabajador en el momento del despido, a menos que exista una causa económica grave que justifique su aplazamiento, en cuyo caso debe comunicarse de forma explícita.

Diferencia entre indemnización y finiquito

La indemnización y el finiquito son dos conceptos distintos que se pagan al trabajador al finalizar su relación laboral:

- **Indemnización.** Es un pago compensatorio que se otorga en determinados tipos de despido o al finalizar un contrato temporal. La indemnización está diseñada para compensar al trabajador por la pérdida de su empleo y es obligatoria en casos de despido objetivo, improcedente o finalización de contrato temporal. No se aplica en casos de baja voluntaria o despido disciplinario declarado procedente.

- **Finiquito.** El finiquito es un documento y un pago que refleja todas las cantidades pendientes que la empresa debe abonar al trabajador al finalizar la relación laboral, independientemente de la causa de la extinción. Incluye conceptos como el salario correspondiente a los días trabajados del mes en curso, las vacaciones no disfrutadas, horas extra pendientes y, en su caso, pagas extraordinarias devengadas. A diferencia de la indemnización, el finiquito se debe pagar siempre, incluso en bajas voluntarias o despidos procedentes.

El finiquito garantiza que el trabajador reciba todo lo que se le debe en el momento de la finalización de la relación laboral.

Si el trabajador está de acuerdo con las cantidades reflejadas en el finiquito, debe firmarlo como prueba de conformidad, aunque siempre puede hacerlo con el apunte de "no conforme" si desea impugnar alguna de las cantidades.

Derechos de los trabajadores en la liquidación final

Al finalizar la relación laboral, los trabajadores tienen derecho a recibir:

- **El finiquito,** que incluye el salario correspondiente a los días trabajados hasta el momento de la extinción, las vacaciones no disfrutadas, las pagas extra prorrateadas y otros conceptos pendientes como horas extra o bonificaciones.

- **La indemnización,** en caso de que corresponda, dependiendo del tipo de despido o finalización de contrato.

- **Un certificado de empresa,** documento que refleja los periodos cotizados en la empresa, necesario para solicitar prestaciones por desempleo.

- **La prestación por desempleo** (si el trabajador ha cotizado durante al menos trescientos sesenta días en los últimos seis años y no se trata de una baja voluntaria, tiene derecho a solicitar la prestación por desempleo).

El trabajador puede impugnar el despido o las cantidades reflejadas en el finiquito si considera que no se ajustan a la legalidad. En estos casos, el trabajador dispone de veinte días hábiles para presentar una reclamación ante el Servicio de Mediación, Arbitraje y Conciliación (SMAC).

Plazos y formas de pago

La empresa está obligada a abonar el finiquito y la indemnización (si corresponde) en el momento de la extinción del contrato, es decir, el último día en que el trabajador presta sus servicios.

En algunos casos, cuando la situación económica de la empresa es crítica, el pago de la indemnización puede aplazarse, pero este aplazamiento debe estar claramente documentado y comunicado al trabajador.

El pago puede realizarse en efectivo, mediante cheque o transferencia.

En cualquier caso, el trabajador debe recibir una copia del documento de finiquito que refleje de manera clara y detallada todas las cantidades abonadas.

Si el trabajador firma el finiquito, se entiende que acepta los importes que en él figuran, aunque siempre puede firmar como «no conforme» si quiere reservarse el derecho a impugnar alguna cantidad o concepto.

Conclusión

El cálculo correcto y pago de las indemnizaciones y finiquitos es esencial para cumplir con las obligaciones legales al finalizar una relación laboral.

Mientras que la indemnización compensa al trabajador por la pérdida de su empleo en determinados despidos o finalizaciones de contrato, el finiquito asegura que el trabajador recibe todas las cantidades pendientes por los días trabajados, vacaciones no disfrutadas y otros conceptos.

Es fundamental que las pymes y los autónomos cumplan con los plazos y procedimientos establecidos para evitar conflictos y sanciones legales.

Gestión de bajas laborales

La gestión de bajas laborales es un aspecto crucial dentro de la relación laboral que requiere una adecuada planificación y conocimiento de las obligaciones legales tanto para el trabajador como para el empleador.

Las bajas pueden producirse por diversos motivos, como enfermedades, accidentes, embarazo o paternidad. El correcto manejo de estas situaciones es esencial para garantizar el bienestar de los empleados y el cumplimiento normativo por parte de la empresa.

En este capítulo se abordarán los diferentes tipos de bajas laborales, las obligaciones del contratador durante estas situaciones y el proceso de reincorporación del trabajador.

Baja médica o incapacidad temporal

La baja médica por incapacidad temporal (IT) es una situación en la que el trabajador no puede desempeñar sus funciones debido a una enfermedad o accidente, ya sea de origen común o profesional.

Esta baja se produce cuando el trabajador sufre una incapacidad que le impide realizar su trabajo durante un periodo de tiempo determinado.

Existen dos tipos de baja médica:

- **Baja por enfermedad común o accidente no laboral**: Esta baja se otorga cuando el trabajador está incapacitado temporalmente por causas no relacionadas con su trabajo. El empleado tiene derecho a una prestación económica durante el tiempo que dure la baja, aunque esta prestación varía según el periodo de duración. Los primeros tres días no se percibe prestación alguna, entre el día cuatro y el veinte, el trabajador percibe el 60 % de su base reguladora, y a partir del día veintiuno, el 75 %.

- **Baja por accidente de trabajo o enfermedad profesional.** En este caso, la incapacidad temporal se origina por un accidente laboral o una enfermedad directamente relacionada con la actividad laboral. El trabajador percibe el 75 % de su base reguladora desde el primer día de la baja. Las contingencias profesionales tienen una mayor cobertura en comparación con las contingencias comunes, ya que el accidente o la enfermedad se consideran responsabilidad del empleador.

- Durante la **baja por incapacidad temporal,** la empresa debe seguir cotizando por el trabajador, aunque puede recuperar una parte del coste a través de la Seguridad Social. A partir del día dieciséis de baja comienza el pago delegado. Esto quiere decir que le corresponde a la Seguridad Social abonar la baja médica al trabajador. La empresa le abona al trabajador la parte que le corresponde a la Seguridad Social y esta se lo deduce en los seguros sociales. Pero la obligación de cotizar por el trabajador sigue existiendo.

Además, el trabajador debe acudir a las revisiones médicas periódicas, que determinarán si puede reincorporarse al trabajo o si su baja debe prorrogarse. Si no lo hace puede perder el derecho a la prestación.

Baja por maternidad/paternidad

La baja por maternidad o paternidad es un derecho de los trabajadores para disfrutar de un periodo de descanso tras el nacimiento, adopción o acogimiento de un hijo.

En España, la baja por maternidad y paternidad ha sido igualada, permitiendo que ambos progenitores disfruten de un periodo de dieciséis semanas de permiso remunerado.

- **Baja por maternidad.** La madre tiene derecho a dieciséis semanas de baja, de las cuales seis semanas son de descanso obligatorio inmediatamente después del parto. Las diez semanas restantes pueden distribuirse de manera flexible durante el primer año de vida del bebé. Durante este periodo, la trabajadora percibe el 100% de su base reguladora a cargo de la Seguridad Social.

- **Baja por paternidad.** El padre o el segundo progenitor tiene derecho a las mismas dieciséis semanas de baja, con seis semanas de descanso obligatorio tras el nacimiento o adopción. Al igual que en el caso de la madre, las diez semanas restantes pueden ser disfrutadas de manera flexible. La prestación económica es también del 100 % de la base reguladora.

Además, ambos progenitores pueden ceder hasta diez semanas de su baja a la otra persona, lo que permite cierta flexibilidad en la gestión de este derecho.

> **Importante:** sigue existiendo la obligación de cotizar por el trabajador salvo en el caso de sustitución, que está bonificada la seguridad social tanto del sustituido como del sustituto."

Baja por riesgo durante el embarazo

La baja por riesgo durante el embarazo se otorga cuando la trabajadora embarazada desempeña funciones que pueden poner en riesgo su salud o la del feto y no es posible una reubicación en otro puesto más seguro. En este caso, la baja puede solicitarse desde que se detecta el riesgo y hasta que finalice el embarazo o el riesgo desaparezca.

Durante este periodo, la trabajadora recibe una prestación del 100 % de su base reguladora, pagada por la Seguridad Social o por la mutua colaboradora.

Esta prestación cubre el tiempo que la trabajadora esté de baja hasta el parto, momento en el que comenzaría el permiso por maternidad.

Obligaciones del contratador durante una baja

El empleador tiene una serie de obligaciones legales cuando uno de sus trabajadores se encuentra de baja laboral. Estas obligaciones son clave para asegurar que se respetan los derechos del trabajador y que la empresa cumple con la normativa vigente.

• **Comunicación y gestión.** La empresa debe gestionar la notificación de la baja ante la Seguridad Social a través del sistema RED. Es responsabilidad del trabajador notificar su baja a la empresa en un plazo máximo de tres días desde la expedición del parte médico.

• **Pago de las prestaciones.** Aunque la prestación económica durante una baja por incapacidad temporal o baja por maternidad/paternidad le corresponde a la Seguridad Social, la empresa tiene la responsabilidad de pagar directamente al trabajador con el pago delegado. La empresa paga al trabajador la parte que le pertenece abonar a la Seguridad Social y esta se lo deduce en los seguros sociales. Pero puede pasar que por convenio esté complementada a cargo de la empresa y ese complemento es a cargo de la empresa únicamente. En el caso de la baja por maternidad-paternidad o riesgo de embarazo, va por pago directo. La seguridad social abona la prestación directamente al trabajador/a y por tanto no hay deducción. Este tipo de contingencias existe bonificación en caso de sustitución del trabajador/a.

- **Conservación del puesto de trabajo.** La empresa está obligada a conservar el puesto de trabajo del empleado durante el tiempo que dure la baja. Esto significa que no se puede despedir al trabajador ni cubrir de manera permanente su puesto mientras esté de baja, salvo en casos muy concretos justificados y aprobados por la autoridad laboral. El despido disciplinario es nulo mientras este de baja médica el trabajador.

- **Cotización a la Seguridad Social.** Durante el periodo de baja, la empresa sigue cotizando por el trabajador.

- **Obligación de reubicación en caso de riesgo.** En caso de que una trabajadora embarazada se encuentre en un puesto que implique riesgos, el empleador debe hacer todo lo posible por reubicarla en un puesto seguro. Si esto no es posible, se gestionará la baja por riesgo durante el embarazo.

Reincorporación tras la baja

Una vez que el trabajador ha recibido el alta médica, tiene derecho a reincorporarse a su puesto de trabajo en las mismas condiciones que tenía antes de la baja.

El empleador no puede modificar las condiciones de trabajo del empleado por el hecho de haber estado de baja. Si se han realizado cambios organizativos en la empresa durante la baja, estos no deben afectar negativamente al trabajador en su reincorporación.

En algunos casos, tras una baja prolongada por enfermedad o accidente, puede ser necesario que el trabajador solicite adaptaciones en su puesto de trabajo si su estado de salud no le permite desempeñar sus funciones al 100 %. En estos casos, el empleador está obligado a realizar las adaptaciones razonables necesarias.

Conclusión

La gestión de bajas laborales es un aspecto crucial en la administración de personal en pymes y autónomos.

Comprender los diferentes tipos de bajas, desde la incapacidad temporal hasta la baja por maternidad o riesgo durante el embarazo, así como cumplir con las obligaciones legales durante estos periodos, garantiza el respeto de los derechos de los trabajadores y evita posibles sanciones para la empresa.

Además, un manejo adecuado de la reincorporación tras la baja ayuda a mantener un ambiente laboral positivo y productivo.

Vacaciones y permisos laborales

La gestión de vacaciones y permisos laborales es un aspecto esencial dentro de la relación entre empresa y trabajador. Las vacaciones son un derecho reconocido para todos los empleados. Los permisos laborales, tanto retribuidos como no retribuidos, son necesarios para garantizar que los trabajadores puedan atender a circunstancias personales, sin que esto afecte negativamente su situación laboral.

En este capítulo se explicarán los aspectos clave para calcular los días de vacaciones, gestionar las solicitudes de los empleados y entender los permisos retribuidos y no retribuidos.

Cálculo de días de vacaciones

El Estatuto de los Trabajadores establece que todos los empleados tienen derecho a disfrutar de un mínimo de treinta días naturales de vacaciones por año trabajado, o el equivalente a veintidós días laborables.

Este es el mínimo establecido por la ley. Los convenios colectivos pueden mejorar estas condiciones, ofreciendo más días o facilitando el acceso a los mismos en función de la antigüedad o de las características del puesto.

El cálculo de las vacaciones puede variar dependiendo de si el trabajador ha estado en la empresa durante todo el año o si ha trabajado una parte proporcional del año.

Si un trabajador ha trabajado menos de un año completo, tiene derecho a una parte proporcional de las vacaciones. Este cálculo se realiza de la siguiente forma:

> Por cada mes trabajado, el trabajador tiene derecho a dos días y medio naturales de vacaciones (o su equivalente en días laborables, que sería aproximadamente 1,83 días laborables por mes).

💬 Ejemplo: si un empleado ha trabajado 8 meses en la empresa, tendrá derecho a 20 días naturales de vacaciones (8 meses x 2,5 días).

Es importante destacar que las vacaciones no son acumulables de un año a otro, salvo que se pacte lo contrario en el convenio colectivo o mediante acuerdo con la empresa. Además, cabe indicar que las vacaciones se deben disfrutar, no se pueden abonar.

Sin embargo, en casos de incapacidad temporal, baja por maternidad/paternidad o situaciones especiales, las vacaciones pueden ser aplazadas.

Cómo gestionar las solicitudes de vacaciones

La gestión de las solicitudes de vacaciones debe hacerse de manera planificada para garantizar que tanto las necesidades del trabajador como las de la empresa sean respetadas.

Aunque el derecho a las vacaciones es inalienable, la empresa tiene cierta flexibilidad en la forma de organizarlas.

El Estatuto de los Trabajadores establece que el calendario de vacaciones se debe acordar entre el empleador y el trabajador, teniendo en cuenta tanto los intereses de la empresa como las preferencias del trabajador.

Algunos puntos importantes para gestionar correctamente las vacaciones son:

- **Calendario de vacaciones.** Las empresas suelen establecer un calendario de vacaciones anual, que se comunica con antelación a los empleados. Este calendario puede ser flexible, pero siempre debe respetar el derecho de los trabajadores a disfrutar de su descanso.

- **Solicitud de vacaciones.** El trabajador debe solicitar sus vacaciones con antelación, según lo estipulado en el convenio colectivo o en las normas internas de la empresa. Lo habitual es que la solicitud deba hacerse con al menos dos semanas de antelación, aunque algunas empresas pueden requerir más tiempo.

- **Distribución de las vacaciones.** Es común que las vacaciones se fraccionen en varios periodos a lo largo del año. Si bien el empleado tiene derecho a disfrutar de treinta días naturales de vacaciones, la empresa puede solicitar que no se tomen todos de forma consecutiva, para garantizar que no se vea afectada la operativa de la empresa.

- **Conflictos en las fechas.** Si varios trabajadores solicitan vacaciones en las mismas fechas y esto afecta el funcionamiento de la empresa, el empleador puede decidir qué solicitudes se aprueban en función de la antigüedad, la urgencia o las necesidades del negocio, siempre negociando de buena fe con los empleados.

- **Vacaciones pendientes al finalizar el contrato.** Si el trabajador no ha disfrutado de sus vacaciones cuando finaliza su contrato, la empresa está obligada a compensarlas económicamente en el finiquito, con el equivalente a los días no disfrutados.

Permisos retribuidos: matrimonio, nacimiento de hijos, etc.

Además de las vacaciones, el trabajador tiene derecho a disfrutar de ciertos permisos retribuidos que le permitan ausentarse del trabajo para atender situaciones personales sin perder su salario. Los permisos retribuidos están regulados por el Estatuto de los Trabajadores y los convenios colectivos.

Es importante señalar que los convenios pueden mejorar y añadir nuevos permisos a los ya incluidos en el Estatuto de los trabajadores.

Entre los más comunes encontramos:

- **Permiso por matrimonio.** El trabajador tiene derecho a quince días naturales de permiso retribuido en caso de matrimonio o de registro de pareja de hecho.

- **Permiso por nacimiento de hijo.** En caso de nacimiento de un hijo, el trabajador tiene derecho a un permiso retribuido de dos días (o cuatro si es necesario desplazarse a otra provincia). Este permiso es independiente del permiso de paternidad/maternidad.

- **Permiso por fallecimiento de un familiar.** El trabajador tiene derecho a dos días de permiso retribuido en caso de fallecimiento de un familiar de segundo grado. Si es necesario desplazarse, el permiso puede extenderse a cuatro días.

- **Permiso por accidente o enfermedad grave.** Hospitalización o intervención quirúrgica sin hospitalización que precise reposo domiciliario del cónyuge, pareja de hecho o parientes hasta el segundo grado por consanguineidad o afinidad, incluido el familiar consanguíneo de la pareja de hecho, así como de cualquier otra persona distinta de las anteriores, que conviva con la persona trabajadora en el mismo domicilio y que requiera el cuidado efectivo de aquella. Derecho a 5 días retribuidos.

- **Permiso por Fuerza Mayor.** Cuando sea necesario por motivos familiares urgentes relacionados con familiares o personas convivientes, en caso de enfermedad o accidente que hagan indispensable su presencia inmediata. Estas horas de ausencia deben ser retribuidas cuando no sobrepasen 4 días al año (conforme a lo establecido en convenio colectivo o en acuerdo entre la empresa y la representación legal de los trabajadores). El motivo de ausencia debe ser acreditado.

- **Permiso por mudanza.** El trabajador puede disfrutar de un día de permiso retribuido por mudanza de domicilio.

- **Permisos por deberes públicos o legales.** El trabajador también tiene derecho a permisos retribuidos para cumplir con obligaciones como el deber de asistir a un juicio como testigo o jurado, participar en procesos electorales o asistir a un curso de formación sindical.

Estos permisos son remunerados, lo que significa que el trabajador percibe su salario habitual durante el periodo de ausencia.

Permisos no retribuidos

Además de los permisos retribuidos, existen los permisos no retribuidos, que permiten al trabajador ausentarse de su puesto de trabajo por motivos personales o familiares, pero sin derecho a percibir su salario durante el tiempo que dure el permiso. Estos permisos no están regulados de manera tan exhaustiva como los permisos retribuidos. Su concesión depende en gran medida de los acuerdos individuales con la empresa o de lo que estipule el convenio colectivo.

Algunos ejemplos de permisos no retribuidos son:

• **Permiso por estudios.** Los trabajadores pueden solicitar permisos no retribuidos para asistir a exámenes o completar su formación, aunque no están obligados a recibir su salario durante ese tiempo.

• **Permiso por asuntos familiares.** En algunos casos, el trabajador puede solicitar ausentarse por circunstancias familiares (como el cuidado de hijos o familiares enfermos) sin retribución. La duración y condiciones de estos permisos suelen negociarse con la empresa.

• **Permisos por voluntariado o participación en eventos sociales.** Algunos convenios colectivos permiten a los empleados ausentarse de manera no retribuida para participar en actividades de voluntariado o eventos sociales de interés general.

• **Permiso por cuidado de un menor.** Se establece que las personas trabajadoras tendrán derecho a un permiso parental de un máximo de 8 semanas, continuas o discontinuas, para el cuidado de hijo, hija o menor acogido por tiempo superior a un año, hasta el momento en que el menor cumpla 8 años. Este permiso podrá disfrutarse a tiempo completo, o en régimen de jornada a tiempo parcial, y constituye un derecho individual de las personas trabajadoras, hombres o mujeres, por lo que no puede transferirse su ejercicio de un progenitor al otro. Una parte de este permiso podrá ser retribuida.

Conclusión

La correcta gestión de las vacaciones y permisos laborales es esencial para garantizar el equilibrio entre las necesidades de la empresa y los derechos de los trabajadores.

Los empleados tienen derecho a disfrutar de sus vacaciones y a solicitar permisos retribuidos en situaciones importantes como el matrimonio, el nacimiento de un hijo o el fallecimiento de un familiar. A su vez, los permisos no retribuidos permiten a los empleados ausentarse del trabajo por motivos personales, aunque sin recibir compensación salarial.

Para evitar conflictos y malentendidos, es fundamental que las pymes y los autónomos gestionen estas solicitudes de forma clara y transparente, respetando tanto la normativa legal como las necesidades operativas del negocio.

Baja voluntaria del trabajador

La baja voluntaria se produce cuando un trabajador decide poner fin a su relación laboral por voluntad propia, sin necesidad de que existan causas externas como un despido o el final de un contrato.

Esta situación es habitual cuando el trabajador ha encontrado otro empleo, desea emprender su propio negocio o por razones personales. Aunque es un derecho del trabajador, la baja voluntaria debe seguir ciertos procedimientos para garantizar el cumplimiento de las obligaciones legales tanto para el trabajador como para el empleador.

En este capítulo, abordaremos los procedimientos y plazos de preaviso, el impacto en la cotización y en el finiquito, y el cálculo de las vacaciones pendientes y las horas extras.

Procedimientos y plazos de preaviso

Cuando un trabajador decide presentar su baja voluntaria, es fundamental que lo haga siguiendo el procedimiento de preaviso adecuado. El preaviso es el periodo de tiempo que el trabajador debe comunicar a la empresa con antelación sobre su intención de abandonar su puesto de trabajo.

El objetivo del preaviso es permitir a la empresa encontrar un sustituto o reorganizar sus operaciones sin que la baja del trabajador provoque trastornos significativos.

El plazo de preaviso suele estar regulado por los convenios colectivos o por el contrato individual de trabajo. Si no hay regulación, la ley general nos indica que el preaviso no es obligatorio en contratos de menos de un año.

Lo más común es que este plazo oscile entre quince días y un mes, aunque algunos convenios colectivos pueden establecer periodos de preaviso más largos, especialmente para puestos de responsabilidad o cualificados. Si el contrato o el convenio colectivo no especifican un plazo de preaviso, se suele considerar que el trabajador debe preavisar con quince días de antelación.

El proceso de baja voluntaria generalmente incluye los siguientes pasos:

- **Comunicación por escrito.** El trabajador debe presentar una carta de baja voluntaria en la que indique su decisión de finalizar la relación laboral y el día exacto en que dejará de prestar sus servicios. Esta carta debe presentarse con el suficiente preaviso según lo estipulado en el convenio o contrato.

- **Firma de la carta de aceptación.** La empresa debe aceptar la carta de baja y, en muchos casos, solicitar al trabajador que firme un documento que refleje la fecha en la que cesará su relación laboral.

- Cumplimiento del preaviso. Durante el periodo de preaviso, el trabajador sigue prestando sus servicios normalmente, salvo que se pacte lo contrario con la empresa. Si el trabajador no respeta el plazo de preaviso, la empresa puede descontar de su finiquito una cantidad equivalente a los días de preaviso incumplidos, siempre que el convenio colectivo así lo estipule.

Es importante que el trabajador siga estos procedimientos para evitar posibles reclamaciones por parte de la empresa.

Además, presentar la baja voluntaria de manera formal y con el preaviso correcto contribuye a mantener una buena relación profesional para futuras referencias o colaboraciones.

Impacto en la cotización y en el finiquito

Una vez que el trabajador presenta su baja voluntaria, se producen una serie de efectos en términos de cotización a la Seguridad Social y en la liquidación del finiquito.

- **Cotización a la Seguridad Social.** Durante el periodo de preaviso, el trabajador sigue cotizando a la Seguridad Social de forma normal. Sin embargo, una vez finalizada la relación laboral, el trabajador deja de estar dado de alta en el sistema de la Seguridad Social. Esto significa que, a partir del último día de trabajo, la empresa ya no tiene obligación de cotizar por el trabajador. El trabajador dejará de acumular derechos por desempleo, pensiones y otras prestaciones a partir de ese momento. En cuanto al derecho a la prestación por desempleo, es importante señalar que la baja voluntaria no da derecho a cobrar el paro, ya que la prestación por desempleo solo se otorga en situaciones de despido o finalización de contrato, no cuando es el trabajador quien decide dejar la empresa. Si el trabajador no tiene otro empleo al que incorporarse, debe ser consciente de que no podrá solicitar el paro hasta que encuentre una nueva situación laboral en la que cumpla con los requisitos de cotización.

- **Finiquito.** El trabajador tiene derecho a recibir el finiquito al finalizar su relación laboral, incluso si se trata de una baja voluntaria. El finiquito incluye el pago de todas las cantidades pendientes de abonar al trabajador, como el salario de los días trabajados del último mes, las vacaciones no disfrutadas y las horas extras realizadas.

Si el trabajador no respeta el preaviso, la empresa puede descontar del finiquito una cantidad equivalente a los días de preaviso incumplidos.

Sin embargo, esto solo es posible si el convenio colectivo o el contrato de trabajo lo estipulan.

Cálculo de vacaciones pendientes y horas extras

Al presentar la baja voluntaria, uno de los elementos clave que debe incluirse en el finiquito es el cálculo de las vacaciones pendientes y las horas extras no compensadas.

- **Cálculo de vacaciones pendientes.** El trabajador tiene derecho a disfrutar de treinta días naturales de vacaciones por año trabajado (o veintidós días laborables). Si no ha disfrutado de todos los días de vacaciones que le correspondían hasta el momento de la baja, la empresa está obligada a compensar económicamente esos días no disfrutados en el finiquito.

  - El cálculo de las vacaciones pendientes se realiza de forma proporcional al tiempo trabajado en el año en curso. Por ejemplo, si un trabajador presenta su baja voluntaria en septiembre y ha trabajado 9 meses, tiene derecho a 22,5 días de vacaciones (9 meses x 2,5 días de vacaciones por mes trabajado). Si ya ha disfrutado de 15 días de vacaciones, la empresa deberá abonarle los 7,5 días restantes en el finiquito.

- **Cálculo de horas extras.** Si el trabajador ha realizado horas extras que no han sido compensadas ni pagadas hasta el momento de la baja, estas también deben incluirse en el finiquito. Las horas extras deben pagarse al mismo valor que la hora ordinaria de trabajo, salvo que el convenio colectivo establezca una compensación superior.

– Al igual que con las vacaciones, es importante que tanto la empresa como el trabajador lleven un control adecuado de las horas extras realizadas y pendientes de abonar, para evitar discrepancias en el cálculo final del finiquito.

Conclusión

La baja voluntaria del trabajador es un derecho que puede ejercerse en cualquier momento, siempre y cuando se respeten los procedimientos y plazos de preaviso establecidos en el convenio colectivo o el contrato de trabajo.

Durante el periodo de preaviso, el trabajador sigue cotizando a la Seguridad Social y tiene derecho a recibir su salario habitual.

Una vez finalizada la relación laboral, la empresa debe abonar el finiquito, que incluye el pago de los días trabajados, las vacaciones pendientes y las horas extras.

Aunque la baja voluntaria no da derecho a prestaciones por desempleo, es fundamental que tanto el trabajador como la empresa sigan los procedimientos legales para garantizar una correcta liquidación de la relación laboral y evitar posibles reclamaciones.

Absentismo laboral

El absentismo laboral es un problema que afecta a muchas empresas y organizaciones, y puede tener consecuencias negativas tanto para la productividad como para el clima laboral. Comprender sus causas, así como las medidas para prevenirlo y gestionarlo de manera eficaz, es fundamental para minimizar su impacto.

En este capítulo se analizará la definición y los tipos de absentismo, las medidas para prevenirlo, cómo gestionarlo de forma efectiva dentro de la empresa, y los derechos y deberes tanto del empleado como del empleador en relación con este fenómeno.

Definición y tipos de absentismo

El absentismo laboral se refiere a la ausencia de un trabajador de su puesto de trabajo durante las horas que debería estar desempeñando sus funciones. Existen diferentes tipos de absentismo, y no todas las formas son iguales en cuanto a sus causas o consecuencias.

A continuación, se detallan los tipos principales:

- **Absentismo justificado.** Este tipo de absentismo ocurre cuando el trabajador no asiste a su puesto de trabajo por razones que están amparadas por la ley o por el convenio colectivo. Algunos ejemplos incluyen las bajas por enfermedad o accidente, las licencias de maternidad/paternidad, los permisos retribuidos (como el permiso por matrimonio, el fallecimiento de un familiar o los exámenes médicos), o el cumplimiento de deberes públicos. Aunque estas ausencias son justificadas, siguen afectando a la operativa de la empresa.

- **Absentismo injustificado.** Ocurre cuando el trabajador no asiste al trabajo sin una razón legalmente válida o sin justificar adecuadamente su ausencia. Estas ausencias no solo perjudican la productividad, sino que pueden acarrear consecuencias disciplinarias para el empleado si se detecta un patrón de repetición.

- **Absentismo presencial.** Es una forma menos visible pero igualmente dañina de absentismo. Se refiere a aquellos trabajadores que, aunque están físicamente presentes en su lugar de trabajo, no están desempeñando sus tareas de manera productiva. Esto puede deberse a desmotivación, falta de concentración o a la realización de actividades personales durante el horario laboral.

- **Absentismo por causas médicas.** Este tipo de absentismo está relacionado con problemas de salud del trabajador que lo incapacitan temporalmente para desempeñar sus funciones. Incluye tanto las bajas por enfermedad común como por enfermedad profesional o accidentes laborales.

Medidas para prevenir el absentismo

La prevención del absentismo laboral es crucial para reducir su impacto en la empresa.

Existen varias medidas que pueden implementarse para prevenir el absentismo y mejorar el compromiso de los empleados con su trabajo. Algunas de las más efectivas son:

- **Promover un buen ambiente laboral.** Un ambiente de trabajo positivo y colaborativo reduce las tasas de absentismo. Esto incluye crear un entorno donde los empleados se sientan valorados, respetados y motivados para realizar su trabajo. Un liderazgo adecuado y políticas que fomenten la conciliación entre la vida laboral y personal son fundamentales.

- **Fomentar la comunicación abierta.** Los empleados deben sentir que pueden expresar sus preocupaciones o problemas sin miedo a represalias. Mantener canales de comunicación abiertos entre empleados y supervisores puede ayudar a identificar problemas antes de que se conviertan en motivos de absentismo.

- **Ofrecer flexibilidad laboral.** Implementar políticas de flexibilidad laboral, como la posibilidad de teletrabajo o la flexibilidad de horarios, puede reducir el absentismo relacionado con problemas personales o la necesidad de equilibrar responsabilidades familiares y laborales.

- **Formación y desarrollo.** Ofrecer oportunidades de formación y desarrollo profesional puede aumentar la motivación de los empleados y su compromiso con la empresa, lo que contribuye a disminuir el absentismo voluntario o presencial.

- **Promover la salud laboral.** Las empresas deben fomentar la salud física y mental de sus trabajadores mediante programas de bienestar, la prevención de riesgos laborales y la implementación de medidas ergonómicas en el entorno de trabajo.

Cómo gestionarlo en la empresa

La gestión del absentismo laboral requiere de un enfoque estructurado que combine la prevención con la actuación eficaz cuando se detectan patrones preocupantes. Algunas de las principales estrategias para gestionarlo incluyen:

- **Monitorear el absentismo.** Llevar un registro detallado de las ausencias de los empleados, diferenciando entre las ausencias justificadas e injustificadas. Esto permite identificar patrones y actuar en consecuencia.

- **Analizar las causas.** Es fundamental entender por qué los empleados se ausentan del trabajo. Las causas del absentismo pueden ser variadas, desde problemas de salud hasta desmotivación o conflictos en el lugar de trabajo. Analizar las causas subyacentes puede ayudar a implementar soluciones efectivas.

- **Establecer políticas claras.** Es importante que la empresa cuente con políticas claras sobre la gestión del absentismo, incluyendo las consecuencias de las ausencias injustificadas y los procedimientos para solicitar permisos y justificar ausencias.

- **Actuar con firmeza en casos de absentismo injustificado.** Si un empleado incurre en absentismo injustificado, la empresa debe actuar con firmeza, aplicando las sanciones correspondientes según lo estipulado en el convenio colectivo o en las normativas internas. Las medidas disciplinarias pueden incluir amonestaciones verbales o escritas, suspensiones, o incluso el despido en casos graves o repetidos.

- **Reintegrar a los empleados tras ausencias prolongadas.** Para reducir el absentismo prolongado o reincidente, es importante que la empresa ayude a los empleados a reincorporarse de manera efectiva tras bajas prolongadas. Esto puede implicar la adaptación del puesto de trabajo o el horario si el trabajador lo necesita por motivos de salud.

Derechos y deberes del empleado y del empleador

Tanto los empleados como los empleadores tienen derechos y deberes en relación con el absentismo laboral, los cuales están recogidos en la legislación laboral y en los convenios colectivos aplicables.

Derechos del empleado

- El trabajador tiene derecho a ausentarse del trabajo en caso de enfermedad, accidente o por los permisos retribuidos que establece la ley (maternidad/paternidad, matrimonio, fallecimiento de familiares, entre otros).

- El empleado también tiene derecho a la protección de su salud y a que la empresa tome las medidas necesarias para prevenir riesgos laborales que puedan generar accidentes o enfermedades profesionales.

Deberes del empleado

- Justificar sus ausencias a tiempo y con la documentación adecuada (partes médicos, certificados, etc.).

- Avisar a la empresa lo antes posible en caso de ausencia imprevista, como una baja médica.

- Cumplir con sus obligaciones laborales y no incurrir en ausencias injustificadas que perjudiquen la actividad de la empresa.

Derechos del empleador

- La empresa tiene derecho a exigir la justificación de las ausencias del trabajador.

- El empleador también puede tomar medidas disciplinarias en casos de absentismo injustificado o repetido, conforme a lo estipulado en el convenio colectivo o contrato de trabajo.

Deberes del empleador

• Facilitar al trabajador los permisos retribuidos que la ley y los convenios colectivos otorgan, respetando sus derechos en caso de enfermedad o accidentes.

• Proteger la salud y seguridad del trabajador mediante la prevención de riesgos laborales.

Conclusión

El absentismo laboral es un fenómeno que puede tener múltiples causas y consecuencias en el funcionamiento de una empresa.

La clave para su gestión efectiva radica en la prevención, el monitoreo y la aplicación de políticas claras.

Crear un ambiente de trabajo saludable y equilibrado, donde la comunicación y la flexibilidad sean prioritarias, es fundamental para reducir las tasas de absentismo y promover un clima laboral positivo.

Además, tanto empleados como empleadores deben cumplir con sus derechos y deberes para garantizar un entorno de trabajo justo y eficiente.

Retribución y nóminas

La retribución de los trabajadores es un aspecto central de la relación laboral entre empleados y empleadores.

Esta retribución, reflejada en la nómina, no solo incluye el salario base acordado, sino también otros conceptos que forman parte del pago total que recibe el trabajador, como los complementos salariales, las retribuciones en especie y las retenciones fiscales obligatorias.

A continuación, analizaremos la estructura de la nómina, los complementos salariales, las retribuciones en especie y las retenciones de IRPF.

Estructura de la nómina

La nómina es el documento que detalla el salario que recibe un trabajador y el desglose de los conceptos que componen esa retribución.

Este documento es esencial tanto para el empleador como para el empleado, ya que refleja el cumplimiento de las obligaciones salariales y es fundamental para la transparencia en la relación laboral.

Una nómina tiene una estructura estándar que debe cumplir con la normativa laboral vigente.

A continuación, se describen las partes principales de la nómina:

- **Encabezado.** Contiene los datos básicos del trabajador y de la empresa. Incluye:

- **Datos del empleador.** Nombre de la empresa, CIF (código de identificación fiscal), código de cotización a la Seguridad Social

- **Datos del trabajador.** Nombre completo, DNI, número de afiliación a la Seguridad Social, categoría profesional y puesto de trabajo.

- **Periodo de devengo.** Fecha que corresponde al mes o periodo en el que se ha generado el salario.

- **Devengos.** Es la parte de la nómina que recoge todas las cantidades que el trabajador ha generado durante el periodo de referencia. Los devengos incluyen:

- **Salario base.** La cantidad fija pactada por el trabajo que realiza el empleado según su contrato.

- **Complementos salariales.** Cualquier importe adicional que se añada al salario base, como antigüedad, horas extras, pagas extras, comisiones, incentivos, etc.

- **Retribuciones en especie.** Valor económico de los beneficios no monetarios que la empresa ofrece al trabajador (vehículo de empresa, vales de comida, etc.).

- **Deducciones.** Son las cantidades que se descuentan del salario bruto del trabajador. Incluyen:

- **Cotizaciones a la Seguridad Social.** La parte que le corresponde al trabajador (por contingencias comunes, desempleo, formación profesional, etc.).

- **Retenciones de IRPF.** El porcentaje que la empresa retiene del salario del trabajador para el pago del impuesto sobre la renta de las personas físicas.

- **Líquido a percibir.** Es la cantidad final que recibe el trabajador después de aplicar las deducciones al salario bruto.

- **Bases de cotización.** Son las cantidades sobre las que se calculan las cotizaciones a la Seguridad Social. Estas bases deben figurar en la nómina y diferenciar entre contingencias comunes y profesionales.

Complementos salariales: antigüedad, horas extras, pagas extras

Los complementos salariales son importes adicionales al salario base que se añaden a la retribución del trabajador en función de diversos factores.

Estos complementos pueden estar estipulados en el convenio colectivo aplicable, en el contrato individual o pueden ser otorgados por la empresa.

Algunos de los más comunes son:

- **Antigüedad.** El complemento de antigüedad se otorga en función del tiempo que el trabajador lleva en la empresa. Generalmente, los convenios colectivos estipulan que, cada cierto tiempo (por ejemplo, cada tres o cinco años), el trabajador recibe un plus en su salario. Este complemento premia la lealtad y la experiencia del trabajador en la empresa.

- **Horas extras.** Las horas que un trabajador realiza por encima de su jornada laboral pactada se consideran horas extras. Estas horas deben ser retribuidas con un valor superior al de las horas ordinarias o compensadas con tiempo de descanso equivalente. El valor de las horas extras suele estar regulado por el convenio colectivo o el contrato de trabajo.

- **Pagas extras.** En España, los trabajadores tienen derecho, por norma general, a dos pagas extras al año, una en verano y otra en Navidad. Estas pagas suelen equivaler a un salario mensual completo, aunque en algunos casos pueden estar prorrateadas y pagarse de forma mensual. Algunas empresas, por convenio colectivo, pueden ofrecer más de dos pagas extras.

- **Complementos por productividad o objetivos.** Algunas empresas otorgan incentivos a sus empleados en función del cumplimiento de objetivos o por un rendimiento superior al promedio. Estos incentivos pueden ser un porcentaje del salario o una cantidad fija.

Retribuciones en especie

Las retribuciones en especie son aquellas prestaciones que la empresa ofrece al trabajador en forma de bienes o servicios, en lugar de dinero.

Estos beneficios se consideran parte del salario y tienen un valor económico que debe reflejarse en la nómina.

Las retribuciones en especie son comunes en muchas empresas como parte de sus políticas de compensación y pueden incluir:

- **Vehículo de empresa.** Si el empleado utiliza un coche de la empresa para fines personales y laborales, el valor del uso personal debe ser reflejado en la nómina como una retribución en especie.

- **Vales de comida.** Algunas empresas ofrecen a sus empleados vales o tarjetas para comer en restaurantes o comprar alimentos. Estos vales, si no superan el límite establecido por ley (11 euros diarios), están exentos de IRPF.

- **Seguro médico.** Las empresas pueden ofrecer seguros médicos privados como parte de la retribución. Si el seguro cubre también a los familiares del empleado, el coste adicional también se considera una retribución en especie.

- **Alojamiento.** Si la empresa proporciona alojamiento al trabajador, el valor de este servicio se considera retribución en especie y debe ser incluido en la nómina.

Es importante señalar que las retribuciones en especie están sujetas a límites fiscales. Su valor se tiene en cuenta para el cálculo del IRPF y las cotizaciones a la Seguridad Social.

Retenciones de IRPF

El IRPF es un tributo que grava los ingresos que obtiene una persona a lo largo de un año, incluyendo su salario.

La empresa actúa como agente de retención y está obligada a deducir una parte del salario bruto del trabajador y entregarla a la Agencia Tributaria en nombre del empleado.

El porcentaje de retención de IRPF se calcula en función de varios factores:

- **Nivel de ingresos.** Cuanto mayor sea el salario, mayor será el porcentaje de retención de IRPF.

- **Circunstancias personales y familiares.** La situación familiar del trabajador (estado civil, número de hijos, discapacidad, etc.) influye en el porcentaje de retención. Las personas con cargas familiares suelen tener un tipo de retención menor.

- **Tipo de contrato.** Los contratos temporales suelen tener una retención de IRPF diferente a la de los contratos indefinidos.

El cálculo del porcentaje de retención se puede modificar si cambian las circunstancias personales o laborales del trabajador.

Además, es importante que la empresa aplique correctamente las retenciones para evitar problemas fiscales, tanto para el trabajador como para la empresa.

Conclusión

La correcta gestión de la retribución y las nóminas es esencial para garantizar la transparencia y el cumplimiento de las obligaciones laborales.

La nómina debe reflejar de manera clara y detallada todos los conceptos salariales, incluyendo el salario base, los complementos, las retribuciones en especie y las retenciones de IRPF.

Las empresas deben asegurarse de que los trabajadores reciban el pago adecuado por su trabajo y cumplan con sus responsabilidades fiscales, garantizando así una relación laboral justa y conforme a la ley.

Prevención de riesgos laborales

La prevención de riesgos laborales es un componente esencial para garantizar la seguridad y el bienestar de los trabajadores en su lugar de trabajo. En España, la legislación establece obligaciones específicas para los empresarios con el fin de evitar accidentes laborales y enfermedades profesionales. Una correcta gestión de los riesgos laborales no solo protege a los empleados, sino que reduce costes para las empresas y mejora el ambiente laboral.

En este capítulo, abordaremos las obligaciones legales del empresario, la evaluación de riesgos, los planes de prevención y formación, y las responsabilidades en caso de accidente laboral.

Obligaciones legales del empresario

El marco legal en España sobre prevención de riesgos laborales está regulado por la Ley 31/1995 de Prevención de Riesgos Laborales.

Esta ley establece que el empresario es responsable de garantizar la seguridad y la salud de sus trabajadores en todos los aspectos relacionados con su actividad laboral.

Las principales obligaciones del empresario en este ámbito incluyen:

- **Evaluar los riesgos laborales.** El empresario debe identificar y evaluar los riesgos a los que están expuestos los trabajadores en su puesto de trabajo. Esto implica analizar las tareas, las condiciones del entorno, el equipo utilizado y cualquier factor que pueda suponer un riesgo para la salud o la seguridad del empleado.

- **Adoptar medidas preventivas.** Tras la evaluación de riesgos, el empresario debe tomar las medidas necesarias para eliminar o reducir esos riesgos. Esto puede incluir la adopción de equipos de protección, la modificación de las condiciones de trabajo o la implementación de nuevas técnicas y procedimientos para evitar accidentes o daños.

- **Garantizar la formación y la información.** Los trabajadores deben recibir información clara y suficiente sobre los riesgos a los que están expuestos, así como la formación necesaria para prevenirlos. La formación debe ser específica para cada puesto de trabajo y actualizarse periódicamente, especialmente si se introducen cambios en las condiciones laborales.

- **Controlar la salud de los trabajadores.** El empresario debe garantizar la vigilancia periódica de la salud de los empleados en función de los riesgos específicos a los que están expuestos. Esta vigilancia puede incluir exámenes médicos preventivos y otras medidas destinadas a detectar posibles enfermedades profesionales.

- **Facilitar equipos de protección individual (EPI).** Si no es posible eliminar el riesgo mediante otras medidas, el empresario debe proporcionar equipos de protección individual adecuados para proteger al trabajador de los riesgos específicos de su puesto.

- **Cumplir con la normativa.** El empresario debe cumplir con toda la normativa vigente en materia de prevención de riesgos laborales, lo que incluye mantener actualizados los documentos de prevención, asegurar la correcta aplicación de las medidas preventivas y cumplir con las inspecciones que pueda realizar la autoridad laboral.

Evaluación de riesgos

La evaluación de riesgos laborales es el proceso mediante el cual el empresario identifica los peligros presentes en el entorno laboral y evalúa su grado de riesgo para los trabajadores. Este proceso es clave para desarrollar un plan de prevención efectivo y adecuado a la realidad de cada empresa.

El proceso de evaluación de riesgos incluye varias etapas:

- **Identificación de peligros.** El primer paso es identificar cualquier situación o elemento que pueda causar daño, como maquinaria peligrosa, condiciones ambientales adversas (temperaturas extremas, humedad, ruido), sustancias químicas, posturas inadecuadas, etc.

- **Evaluación del riesgo.** Una vez identificados los peligros, se debe evaluar la probabilidad de que ocurran y la gravedad de las consecuencias. Esto permite priorizar aquellos riesgos más graves y que requieren una intervención más urgente.

- **Definir medidas preventivas.** Tras evaluar los riesgos, se deben proponer y aplicar medidas para eliminar o reducir los riesgos identificados. Estas medidas pueden ser técnicas (cambios en los equipos o procesos), organizativas (modificación de horarios o redistribución de tareas) o formativas (instrucción al trabajador sobre cómo minimizar los riesgos).

- **Revisión periódica.** La evaluación de riesgos debe ser revisada de forma periódica, especialmente cuando se introducen cambios en el entorno laboral, como la adquisición de nueva maquinaria, cambios en los procesos productivos o tras un accidente laboral.

Planes de prevención y formación

Una vez realizada la evaluación de riesgos, es necesario implementar un plan de prevención que contemple las acciones necesarias para reducir los riesgos laborales y cumplir con la normativa vigente.

Un buen plan de prevención incluye las siguientes fases:

• **Desarrollo del plan**. El plan debe establecer las medidas preventivas que se van a adoptar, los plazos de ejecución y los responsables de su aplicación. Es recomendable que el plan esté documentado y accesible para todos los trabajadores.

• **Formación de los trabajadores**. La formación es un elemento crucial para la prevención de riesgos laborales. Todos los empleados deben recibir formación específica sobre los riesgos asociados a su puesto de trabajo y las medidas preventivas que seguir. La formación debe ser continua y actualizada, especialmente cuando se producen cambios en las condiciones de trabajo o en los equipos utilizados.

• **Información a los trabajadores**. Además de la formación, los trabajadores deben ser informados de cualquier riesgo relacionado con su puesto de trabajo. Esta información debe proporcionarse de forma clara y detallada, y debe incluir los procedimientos que seguir en caso de emergencia o accidente.

• **Supervisión y control**. El plan de prevención debe ser supervisado para asegurar su correcta implantación. Esto implica realizar inspecciones regulares, tanto internas como externas, y realizar ajustes cuando sea necesario.

Responsabilidades en caso de accidente laboral

Cuando ocurre un accidente laboral, el empresario tiene una serie de responsabilidades tanto legales como administrativas.

Un accidente laboral es cualquier lesión sufrida por el trabajador en el ejercicio de sus funciones, y puede tener consecuencias graves si no se gestionan adecuadamente.

- **Investigación del accidente.** El empresario debe investigar las causas del accidente, determinar si hubo algún fallo en las medidas preventivas y adoptar acciones correctivas para evitar que vuelva a ocurrir.

- **Comunicación del accidente.** Si el accidente provoca la baja del trabajador, el empresario debe notificarlo a la Seguridad Social y, en caso de accidente grave, a la Inspección de Trabajo.

- **Responsabilidad legal.** En caso de que el accidente se deba a una falta de medidas de prevención o a negligencia por parte de la empresa, esta puede ser considerada responsable legal. Esto puede conllevar sanciones económicas, responsabilidades penales e indemnizaciones a los trabajadores afectados. En casos graves, los responsables de la empresa pueden enfrentarse a consecuencias legales significativas.

- **Asistencia médica y compensación.** La empresa debe asegurar que el trabajador accidentado reciba la atención médica necesaria. Si el accidente es grave, la empresa debe gestionar la compensación correspondiente, que puede incluir indemnizaciones por incapacidad temporal, permanente o fallecimiento, dependiendo de la gravedad del caso.

Conclusión

La prevención de riesgos laborales es una obligación esencial para todas las empresas y autónomos que contraten empleados.

El cumplimiento de las normativas de seguridad no solo protege la salud y el bienestar de los trabajadores, sino que también evita sanciones y responsabilidades legales para el empresario.

A través de una adecuada evaluación de riesgos, la implementación de planes de prevención y la formación continua de los empleados, se pueden minimizar los riesgos laborales y crear un entorno de trabajo seguro y productivo.

Resolución de conflictos laborales

Los conflictos laborales son situaciones inevitables en la dinámica de las empresas, independientemente de su tamaño o sector. Estos conflictos pueden surgir por desacuerdos relacionados con las condiciones de trabajo, incumplimiento de contratos, despidos, diferencias salariales, entre otros motivos. La correcta resolución de estos conflictos es clave para mantener un clima laboral saludable y evitar problemas legales.

En este capítulo, se abordarán los procedimientos de mediación y arbitraje, el papel de los sindicatos, el rol de la Inspección de Trabajo y las vías judiciales disponibles para resolver los conflictos laborales.

Procedimientos de mediación y arbitraje

Uno de los métodos más eficaces y rápidos para la resolución de conflictos laborales es la mediación y el arbitraje.

Estos procedimientos son extrajudiciales y buscan una solución consensuada entre las partes en conflicto sin tener que recurrir a los tribunales.

- **Mediación laboral.** La mediación es un proceso en el que un tercero imparcial (el mediador) interviene para ayudar a las partes a alcanzar un acuerdo. El mediador no impone una solución, sino que facilita la comunicación y el entendimiento mutuo entre el empleador y el trabajador, o entre los trabajadores y la empresa. La mediación es especialmente útil en conflictos relacionados con el despido, reclamaciones salariales o discrepancias en la interpretación de convenios colectivos.

  – Las ventajas de la mediación son su rapidez y su carácter conciliador, ya que busca evitar que el conflicto escale hasta una demanda judicial. Además, es un proceso voluntario y las partes pueden retirarse en cualquier momento si no están satisfechas con su desarrollo.

- **Arbitraje laboral.** A diferencia de la mediación, en el arbitraje el conflicto se somete a un árbitro que emite una decisión vinculante para ambas partes. Las partes acuerdan de antemano someterse al fallo del árbitro, quien, tras analizar el caso y escuchar a ambas partes, dictamina una resolución que debe ser acatada.

  – El arbitraje es un proceso formal pero menos costoso y más rápido que un juicio laboral. Es comúnmente utilizado en casos de conflictos colectivos o en situaciones en las que no se ha podido alcanzar un acuerdo en la mediación.

El papel de los sindicatos

Los sindicatos desempeñan un papel crucial en la resolución de conflictos laborales, ya que representan a los trabajadores y defienden sus intereses ante la empresa y las autoridades laborales.

Los sindicatos son organizaciones que actúan como interlocutores entre los empleados y los empleadores. Están especialmente activos en la negociación colectiva y en la defensa de los derechos laborales.

- **Negociación colectiva.** Uno de los principales roles de los sindicatos es la negociación colectiva. A través de esta, los sindicatos negocian convenios colectivos que regulan las condiciones laborales (salarios, jornadas, vacaciones, seguridad laboral) para un sector o una empresa específica. Los conflictos que surgen en relación con la aplicación o interpretación de estos convenios pueden resolverse mediante la mediación sindical.

- **Asesoramiento y representación.** Los sindicatos también brindan asesoramiento legal a los trabajadores y los representan en casos de conflicto, ya sea en procedimientos de mediación, arbitraje o en juicios laborales. El respaldo sindical puede ser determinante para que los trabajadores conozcan sus derechos y se defiendan de manera efectiva ante cualquier conflicto con la empresa.

- **Movilización y huelga.** En casos de conflictos colectivos no resueltos, los sindicatos pueden convocar huelgas u otras acciones reivindicativas para presionar a la empresa y obtener una solución favorable para los trabajadores. Aunque la huelga es un derecho legítimo de los trabajadores, debe ser la última medida que se adopte, después de agotar otros mecanismos de resolución de conflictos.

La Inspección de Trabajo

La Inspección de Trabajo y Seguridad Social es un organismo oficial cuya misión es velar por el cumplimiento de la legislación laboral y garantizar que se respeten los derechos de los trabajadores. La intervención de la Inspección de Trabajo puede ser clave en la resolución de conflictos laborales, especialmente cuando se detectan incumplimientos graves por parte de la empresa.

- **Funciones de la Inspección de Trabajo.** Este organismo puede actuar de oficio o a raíz de una denuncia presentada por un trabajador, un sindicato o cualquier persona interesada. Las inspecciones pueden incluir visitas a la empresa para verificar el cumplimiento de la normativa laboral, la revisión de contratos, nóminas, condiciones de seguridad y salud laboral, etc. En caso de encontrar irregularidades, la Inspección de Trabajo puede imponer sanciones y requerir a la empresa que regularice la situación.

- **Denuncias ante la Inspección de Trabajo.** Cualquier trabajador puede presentar una denuncia ante la Inspección de Trabajo si considera que la empresa está violando sus derechos. Las denuncias pueden estar relacionadas con incumplimientos salariales, falta de medidas de seguridad, despidos injustificados, discriminación, entre otros. La Inspección actuará investigando el caso y, si se detectan irregularidades, podrá sancionar a la empresa o exigirle que corrija la situación.

Vías judiciales en conflictos laborales

Si los mecanismos de mediación, arbitraje o intervención de la Inspección de Trabajo no logran resolver el conflicto, la vía judicial se convierte en la opción final para la resolución del conflicto laboral.

En España, los Juzgados de lo Social son los encargados de conocer y resolver los litigios entre trabajadores y empleadores.

- **Demanda ante los Juzgados de lo Social.** Si un trabajador considera que se han vulnerado sus derechos, puede interponer una demanda ante el Juzgado de lo Social correspondiente. Los casos que suelen llegar a estos tribunales incluyen despidos, reclamaciones salariales, acoso laboral, discriminación o incumplimiento de convenios colectivos.

- **Procedimiento judicial.** El proceso judicial laboral es relativamente rápido en comparación con otras jurisdicciones, ya que la ley otorga prioridad a la resolución de los conflictos laborales. Las partes pueden acudir al juicio representadas por un abogado o por un representante sindical. Durante el juicio, el juez escucha los argumentos de ambas partes, evalúa las pruebas presentadas y dicta una sentencia.

- **Recursos.** En caso de no estar de acuerdo con la sentencia dictada por el Juzgado de lo Social, las partes pueden interponer un recurso ante el Tribunal Superior de Justicia de su comunidad autónoma. Si las discrepancias persisten, incluso pueden elevarse al Tribunal Supremo, aunque esto solo es posible en casos que involucren interpretaciones de derecho o afecten a un gran número de personas (casos colectivos).

- **Ejecución de la sentencia.** Una vez dictada la sentencia, esta es vinculante para ambas partes. Si la empresa es condenada, debe cumplir con la sentencia, ya sea readmitiendo al trabajador o abonándole la cantidad correspondiente en caso de despido improcedente. Si no lo hace, se puede iniciar un procedimiento de ejecución forzosa.

Conclusión

La resolución de conflictos laborales es un proceso que puede seguir diferentes caminos, desde la mediación y el arbitraje hasta la intervención de los sindicatos y la Inspección de Trabajo, o incluso llegar a la vía judicial.

La clave para evitar que los conflictos escalen es apostar por la negociación y la comunicación abierta, intentando alcanzar acuerdos que beneficien a ambas partes.

Sin embargo, cuando esto no es posible, las empresas y los trabajadores deben conocer sus derechos y responsabilidades, y utilizar los mecanismos adecuados para resolver los conflictos de forma justa y eficiente.

Derechos y deberes del trabajador y del empleador

La relación laboral se basa en un equilibrio de derechos y deberes entre el trabajador y el empleador. Para que esta relación funcione de manera justa y eficiente, es fundamental que ambas partes conozcan y respeten sus responsabilidades.

En este capítulo, analizaremos los derechos fundamentales de los trabajadores, las obligaciones del trabajador en su puesto y las responsabilidades del empleador, todo ello enmarcado en la legislación laboral española.

Derechos fundamentales de los trabajadores

Los trabajadores, como parte de la relación laboral, disfrutan de una serie de derechos fundamentales reconocidos por la legislación laboral y la Constitución Española.

Estos derechos son irrenunciables y deben ser respetados en todo momento por el empleador.

Entre los más importantes destacan:

- **Dere**⬚ ⬚ **⬚iscriminación.** Todo trabajaᵈᵒ⬚ ⬚ ⬚ ⬚⬚ratado de manera igualitaria en su ᵖ⬚⬚ ⬚⬚⬚⬚jo, sin sufrir ningún tipo de discriminación ᵖ⬚⬚ ⬚⬚ón de sexo, raza, religión, orientación sexual, discapacidad o cualquier otra circunstancia personal o social. La igualdad de oportunidades es un principio clave en la relación laboral.

- **Derecho a la salud y seguridad.** Los trabajadores tienen derecho a desarrollar su actividad en un entorno de trabajo seguro y saludable. Esto implica que el empleador debe implementar las medidas necesarias para garantizar la prevención de riesgos laborales y ofrecer condiciones seguras para evitar accidentes o enfermedades profesionales.

- **Derecho a la intimidad y dignidad.** El trabajador tiene derecho a que se respete su intimidad y dignidad en el entorno laboral. Esto incluye la protección frente al acoso sexual o laboral, así como la confidencialidad de su información personal y laboral.

- **Derecho a la remuneración.** Todo trabajador tiene derecho a recibir una remuneración justa por el trabajo realizado, que debe ser como mínimo equivalente al salario mínimo interprofesional (SMI), o lo pactado en el convenio colectivo correspondiente. Además, el trabajador debe recibir su salario de manera puntual y con el debido desglose en la nómina.

- **Derecho a la libertad sindical.** Los trabajadores tienen el derecho de afiliarse a un sindicato y participar en actividades sindicales sin que esto afecte negativamente su situación laboral. Esto incluye el derecho a participar en huelgas y otras acciones colectivas legalmente reconocidas.

- **Derecho a la formación profesional.** Los trabajadores tienen derecho a recibir formación continua que les permita mejorar sus competencias profesionales y adaptarse a los cambios en el mercado laboral. El empleador debe facilitar esta formación cuando sea necesaria para el desarrollo de las funciones laborales.

- **Derecho a la conciliación de la vida laboral y familiar.** La legislación española contempla el derecho de los trabajadores a conciliar su vida personal, familiar y laboral. Esto incluye derechos como la reducción de jornada por cuidado de hijos o familiares, permisos de maternidad y paternidad, y excedencias para el cuidado de familiares.

Obligaciones del trabajador en su puesto

Al igual que los trabajadores tienen derechos, también están sujetos a obligaciones que deben cumplir para que la relación laboral funcione adecuadamente.

Algunas de las principales obligaciones del trabajador son:

- **Cumplir con las funciones del puesto.** El trabajador debe realizar las funciones asignadas en su contrato o las establecidas en el convenio colectivo de acuerdo con las instrucciones del empleador. Esto implica cumplir con las tareas asignadas de manera diligente, eficaz y profesional.

- **Respetar las normas de la empresa.** El trabajador debe cumplir con las normas internas de la empresa, que incluyen los horarios de trabajo, los protocolos de actuación y las políticas de seguridad. El incumplimiento de estas normas puede dar lugar a sanciones disciplinarias, e incluso al despido si se trata de faltas graves.

- **Lealtad y buena fe.** La relación laboral se basa en la confianza mutua entre empleador y trabajador. El trabajador tiene la obligación de actuar con buena fe en el desempeño de sus funciones, evitando conductas que puedan perjudicar a la empresa, como revelar información confidencial o realizar actividades que vayan en contra de los intereses del empleador.

- **Uso adecuado de los recursos de la empresa.** El trabajador debe hacer un uso adecuado y responsable de los recursos de la empresa, como el equipo de trabajo, las instalaciones y las herramientas. El mal uso o el abuso de estos recursos puede ser motivo de sanción.

- **Cumplir con las normas de seguridad.** El trabajador está obligado a cumplir con las medidas de seguridad e higiene establecidas por la empresa para prevenir riesgos laborales. Esto incluye el uso de equipos de protección individual (EPI) y la asistencia a las formaciones obligatorias en materia de prevención de riesgos.

- **Comunicar cualquier incidencia.** El trabajador debe comunicar al empleador cualquier situación que pueda afectar al normal desarrollo de su trabajo, como una enfermedad, un accidente o cualquier otro incidente que impida el cumplimiento de sus obligaciones laborales.

Responsabilidades del empleador

El empleador, por su parte, tiene una serie de responsabilidades que debe cumplir para garantizar el bienestar de los trabajadores y el buen funcionamiento de la empresa. Estas responsabilidades están reguladas por la legislación laboral y su incumplimiento puede conllevar sanciones legales.

Las principales responsabilidades del empleador son:

- **Ofrecer un contrato de trabajo adecuado.** el empleador debe ofrecer un contrato de trabajo que refleje correctamente las condiciones laborales acordadas, como el tipo de jornada, el salario y las funciones del puesto. Este contrato debe cumplir con la normativa laboral vigente y ser entregado al trabajador en un plazo máximo de diez días desde el inicio de la relación laboral.

- **Pagar el salario acordado.** El empleador tiene la obligación de pagar puntualmente el salario del trabajador en los términos acordados en el contrato o en el convenio colectivo. Esto incluye el salario base, complementos salariales y cualquier otra cantidad debida, como horas extras o indemnizaciones.

- **Garantizar la seguridad y salud en el trabajo.** El empleador es responsable de proporcionar un entorno de trabajo seguro y saludable. Esto incluye la implementación de medidas de prevención de riesgos laborales, la entrega de EPI y la formación adecuada en materia de seguridad.

- **Respetar los derechos de los trabajadores.** El empleador debe respetar todos los derechos fundamentales de los trabajadores, incluyendo la igualdad de trato, la no discriminación, la protección de la intimidad y la libertad sindical.

- **Facilitar la formación profesional.** El empleador debe garantizar que los trabajadores reciban la formación necesaria para desempeñar sus funciones correctamente, especialmente cuando se introducen nuevas tecnologías, procedimientos o riesgos en el puesto de trabajo.

- **Cumplir con las obligaciones de cotización.** El empleador está obligado a dar de alta al trabajador en la Seguridad Social y realizar las cotizaciones correspondientes. Además, debe cumplir con las retenciones de

IRPF en las nóminas del trabajador y asegurarse de que se efectúan los pagos de impuestos correspondientes.

Conclusión

En la relación laboral, tanto los trabajadores como los empleadores tienen derechos y deberes que deben ser respetados para garantizar un entorno de trabajo justo y equilibrado.

Mientras que los trabajadores disfrutan de derechos como la no discriminación, la seguridad laboral y la remuneración justa, también están obligados a cumplir con sus funciones, respetar las normas y actuar con lealtad.

Por su parte, los empleadores deben garantizar la seguridad, pagar los salarios pactados y respetar los derechos fundamentales de los empleados.

La comprensión y el respeto de estos derechos y deberes son fundamentales para evitar conflictos laborales y fomentar un ambiente de trabajo saludable y productivo.

Inspecciones laborales

Las inspecciones laborales son una herramienta clave para garantizar que las empresas cumplan con la normativa laboral vigente. La función de estas inspecciones es asegurar que los derechos de los trabajadores se respeten, y que las condiciones de seguridad, salud, contratación y remuneración sean las adecuadas.

En este capítulo abordaremos qué es una inspección de trabajo, cómo prepararse para una inspección y las posibles sanciones que pueden derivarse del incumplimiento de las normas, así como cómo evitarlas.

Qué es una inspección de trabajo

Una inspección de trabajo es un procedimiento oficial llevado a cabo por la Inspección de Trabajo y Seguridad Social (ITSS), cuyo objetivo es verificar que una empresa cumple con la legislación laboral, de Seguridad Social, prevención de riesgos laborales y otras normativas vinculadas al empleo.

Las inspecciones pueden ser rutinarias, es decir, programadas como parte de un plan anual de control, o bien extraordinarias, a raíz de una denuncia presentada por un trabajador, sindicato o tercero.

Las inspecciones pueden cubrir varios aspectos, tales como:

• **Condiciones laborales.** La inspección verifica si los contratos de trabajo están correctamente formalizados y si las condiciones laborales acordadas se cumplen, como las jornadas laborales, descansos, vacaciones y salarios.

• **Seguridad Social y cotizaciones.** Se revisa si la empresa ha dado de alta a todos los trabajadores en la Seguridad Social, si realiza las cotizaciones correctamente y si los empleados están cubiertos en caso de accidente o enfermedad.

• **Prevención de riesgos laborales.** Se inspecciona si la empresa cuenta con un plan de prevención de riesgos laborales y si se están implementando medidas para garantizar la salud y seguridad de los empleados en el lugar de trabajo.

• **Cumplimiento de derechos.** Se examina si los derechos fundamentales de los trabajadores, como la no discriminación, la igualdad de trato y la protección frente al acoso están garantizados.

Las inspecciones pueden realizarse sin previo aviso. El inspector tiene el derecho a acceder a las instalaciones de la empresa, revisar la documentación laboral y entrevistar a los trabajadores. En algunos casos, si la inspección revela irregularidades, se pueden iniciar procedimientos sancionadores.

Cómo prepararse para una inspección

Estar preparado para una inspección de trabajo es fundamental para evitar problemas o sanciones. La clave está en cumplir de manera constante con la normativa laboral y en tener toda la documentación en orden para demostrarlo ante una posible inspección.

A continuación, se detallan los principales pasos para prepararse adecuadamente:

• **Mantener la documentación laboral al día.** La empresa debe contar con toda la documentación exigida por la ley, incluyendo:

  – Contratos de trabajo: todos los contratos deben estar formalizados por escrito y debidamente registrados en la Seguridad Social.

  – Nóminas: las nóminas deben reflejar fielmente los salarios acordados, las retenciones de IRPF y las cotizaciones a la Seguridad Social.

  – Alta en la Seguridad Social: es fundamental que todos los trabajadores estén dados de alta en la Seguridad Social desde el primer día de trabajo.

  – Registro de la jornada laboral: especialmente desde la entrada en vigor del registro obligatorio de la jornada, las empresas deben llevar un control de las horas trabajadas por sus empleados, tanto a tiempo completo como parcial.

• **Revisar el plan de prevención de riesgos laborales.** Todas las empresas deben contar con un plan de prevención de riesgos laborales actualizado y adaptado a sus actividades. Este plan debe incluir la identificación de riesgos, las medidas de protección adoptadas y las formaciones ofrecidas a los trabajadores. Es importante asegurarse de que todos los empleados conocen y cumplen con las medidas de seguridad.

• **Formación e información a los trabajadores.** La empresa debe ofrecer formación adecuada en materia de prevención de riesgos laborales. Los trabajadores deben estar informados sobre sus derechos y obligaciones. Es recomendable llevar un registro de las formaciones impartidas y del personal que ha asistido a ellas.

• **Cumplir con las normativas específicas de su sector.** Algunos sectores tienen normativas adicionales que las empresas deben cumplir, como las relacionadas con la manipulación de productos peligrosos o la protección de datos. Es importante estar al tanto de las exigencias particulares de cada sector y asegurarse de que se están cumpliendo.

• **Organización interna.** El personal administrativo y de recursos humanos debe estar preparado para responder a las solicitudes de documentación que pueda hacer el inspector. Tener un sistema organizado para archivar y acceder rápidamente a los documentos necesarios es fundamental.

- **Comunicar adecuadamente con los trabajadores.** Fomentar un ambiente de trabajo transparente y asegurarse de que los empleados estén informados sobre sus derechos y condiciones de trabajo puede ayudar a prevenir conflictos y denuncias. Un equipo de trabajo bien informado es clave para mantener la tranquilidad en caso de inspección.

Sanciones y cómo evitarlas

En caso de que una inspección de trabajo detecte incumplimientos en la normativa laboral, la empresa puede enfrentarse a sanciones económicas, que varían en función de la gravedad de la infracción.

Las sanciones se clasifican en leves, graves y muy graves, según la Ley sobre Infracciones y Sanciones en el Orden Social (LISOS). A continuación, se detallan los tipos de sanciones y cómo evitarlas:

- **Infracciones leves.** Pueden incluir errores menores en la documentación laboral o pequeños incumplimientos de la normativa, como no entregar el recibo de salario en el formato adecuado o registrar incorrectamente la jornada laboral. Las sanciones económicas por infracciones leves suelen oscilar entre los 60 y 625 euros.

- **Infracciones graves.** Estas incluyen situaciones como no dar de alta a un trabajador en la Seguridad Social, el impago de salarios o no cumplir con las normativas de prevención de riesgos laborales. Las sanciones por infracciones graves pueden oscilar entre los 626 y 6250 euros, dependiendo de la gravedad.

- **Infracciones muy graves.** Involucran incumplimientos graves, como el trabajo infantil, la discriminación por razones de género, raza o discapacidad, o la falta de medidas de seguridad que provoquen accidentes graves. Estas infracciones pueden conllevar sanciones de entre los 6251 y los 187 515 euros. En algunos casos, pueden derivar en responsabilidad penal para los responsables de la empresa.

Cómo evitar sanciones

- **Cumplir con la normativa laboral de manera constante.** Es la medida más efectiva para evitar sanciones. Cumplir de manera regular con las leyes laborales y de Seguridad Social garantizará que, en caso de inspección, la empresa esté bien preparada.

- **Formación y actualización.** Mantenerse al día con las actualizaciones de la normativa laboral y ofrecer formación continua a los trabajadores y responsables de la empresa sobre estas normativas.

- **Actuar rápidamente ante las irregularidades.** Si se detecta un incumplimiento, es importante corregirlo de inmediato antes de que se produzca una inspección. La rápida corrección de errores puede reducir la gravedad de las sanciones.

Conclusión

Las inspecciones laborales son un proceso esencial para garantizar que las empresas cumplan con la normativa y respeten los derechos de los trabajadores.

Para evitar sanciones, las empresas deben estar preparadas: mantener toda la documentación en regla, cumplir con la normativa de prevención de riesgos laborales y ofrecer un entorno laboral seguro y justo.

Las sanciones pueden tener un impacto significativo en la viabilidad de la empresa, por lo que es fundamental actuar proactivamente para garantizar el cumplimiento constante de la legislación laboral.

PATROCINIO

En Gestorum, nos enorgullecemos de ser la gestoría *online* de confianza para miles de empresas y autónomos en España.

Contamos con un equipo de grandes especialistas en gestión laboral que administra más de 30 000 nóminas, garantizando siempre un servicio eficaz, preciso y adaptado a las necesidades de cada cliente.

Nuestra experiencia abarca todo tipo de convenios, ofreciendo el asesoramiento necesario para cumplir con las obligaciones laborales sin complicaciones.

Desde la elaboración de nóminas hasta la resolución de dudas específicas, estamos aquí para hacer más fácil tu día a día como empleador.

Para facilitar aún más la gestión laboral, ponemos a disposición de nuestros clientes un moderno portal del empleado, una herramienta intuitiva que permite gestionar todo en un solo lugar: consultar nóminas y contratos, registrar la jornada laboral, gestionar vacaciones, bajas, y hasta reportar gastos de forma ágil y segura.

En Gestorum, trabajamos contigo para que puedas dedicarte a lo que realmente importa: el crecimiento de tu negocio.

Con nosotros, la gestión laboral no será una carga, sino un respaldo en el camino al éxito.

¡Confía en Gestorum, expertos en soluciones laborales para pymes y autónomos!

EDITATUM

Libros para crecer

www.editatum.com